中国国家对外汉语教学领导小组办公室规划教材
Project of NOCFL of the People's Republic of China

NEW PRACTICAL CHINESE READER

Textbook

新实用汉语课本

5

主编：刘　珣

编者：张　凯　　刘社会　　陈　曦

　　　左珊丹　　施家炜　　刘　珣

北京语言大学出版社
BEIJING LANGUAGE AND CULTURE
UNIVERSITY PRESS

图书在版编目（CIP）数据

新实用汉语课本·第5册/刘珣主编．
—北京：北京语言大学出版社，2014 重印
ISBN 978 - 7 - 5619 - 1408 - 3

Ⅰ．新…
Ⅱ．刘…
Ⅲ．汉语 - 对外汉语教学 - 教材
Ⅳ．H195.4

中国版本图书馆 CIP 数据核字（2005）第 021568 号

书　　　名：新实用汉语课本·第5册
责任印制：汪学发

出版发行：北京语言大学出版社
社　　　址：北京市海淀区学院路 15 号　邮政编码 100083
网　　　址：www.blcup.com
电　　　话：发行部　82303648/3591/3651
　　　　　　编辑部　82303647/3592
　　　　　　读者服务部　82303653
　　　　　　网上订购电话　82303908
　　　　　　客户服务信箱　service@blcup.com
印　　　刷：北京联兴盛业印刷股份有限公司
经　　　销：全国新华书店

版　　　次：2005 年 7 月第 1 版　2014 年　7 月第 8 次印刷
开　　　本：889 毫米×1194 毫米　1/16　印张：17
字　　　数：249 千字
书　　　号：ISBN 978 - 7 - 5619 - 1408 - 3/H · 05019
　　　　　　05900

凡有印装质量问题，本社负责调换。电话：82303590

目　录
CONTENTS

母 爱

一. 课 文

　　母亲一天比一天老了，走路已经显得很慢。她的儿女都已经长大成人了，各自忙着自己的事，匆匆回去看她一下，又匆匆离去。当年儿女们围在身边的热闹情景，如今想起来好像是在梦里一样。母亲的家冷清了。

　　那年我去湖南，去了好长时间。我回来时母亲高兴极了，她不知拿什么给我好，又忙着给我炒菜。"喝酒吗?"母亲问我。我说喝，母亲便忙给我倒酒。我才喝了三杯，母亲便说："喝酒不好，要少喝。"我就准备不喝了。刚放下杯子，母亲笑了，又说："离家这么久，就再喝点儿。"我又喝。才喝了两杯，母亲又说："可不能再喝了，喝多了，吃菜就不香了。"我停杯了，母亲又笑了，说："喝了五杯？那就再喝一杯，凑个双数。"她说完亲自给我倒了一杯。我就又喝了。这次我真准备停杯了，母亲又笑着看着我，说："是不是还想喝，那就再喝一杯。"

我就又倒了一杯，母亲看着我喝。

"不许喝了，不许喝了。"母亲这次把酒瓶拿了起来。

我喝了那杯，眼泪都快出来了，我把杯子扣起来。

母亲却又把杯子放好，又慢慢地给我倒了一杯。

"天冷，想喝就再喝一杯吧。"母亲说，看着我喝。

我的眼泪一下子涌了出来。

什么是母爱？这就是母爱，又怕儿子喝，又劝儿子喝。

我的母亲！

我搬家了，搬到离母亲家不远的一幢小楼里去。母亲那天突然来了，上到四楼喘不过气来，进门以后，靠着门休息了一会儿，然后要看我睡觉的那张六尺小床放在什么地方。那时候我的女儿还小，跟我的妻子一起睡大床，我的六尺小床放在那间放书的小屋里。小屋真是小，床只能放在窗下的暖气旁边，床的东头是衣架，西头是玻璃书柜。

"你头朝哪边睡？"母亲看看小床，问我。

我说头朝东边，那边是衣架。

"不好，"母亲说，"衣服上灰尘多，你头朝西边睡。"

母亲坐了一会儿，突然说："不能朝玻璃书柜那边睡，要是地震了，玻璃一下子砸下来会伤着你，不行，不行。"

母亲竟然想到了地震！百年难遇一次的地震。

"好，头就朝东边睡。"我说着，又把枕头挪过来。

等了一会儿，母亲看看这边，又看看那边，又突然说："你脸朝里睡还是朝外睡？"

"脸朝里。"我对母亲说，我习惯向右侧身睡。

"不行，不行，脸朝里暖气太干燥，嗓子受不了，你嗓子从小就不好。"母亲说。

"好，那我就脸朝外睡。"我说。

母亲看看被子，摸摸褥子，又不安了，说："你脸朝外睡就是左边身体贴着床，不行，不行，这对心脏不好。你听妈的话，仰着睡，仰着睡好。"

"好，我仰着睡。"我说。

我的眼泪一下子又涌上来，涌上来。

我却从来没想过漫漫长夜母亲是怎么入睡的。

我的母亲！

我的母亲老了，常常站在院子门口朝外张望，手扶着墙，我每次去了，她都那么高兴，就像当年我站在院子门口看到母亲从外边回来一样高兴。我除了每天去看母亲一眼，帮她买买菜，擦擦地，还能做些什么呢？

我的母亲！我的矮小、慈祥、白发苍苍的母亲……

（原文作者：王祥夫，本文稍有删改。）

生词

1. 母爱	N		mǔ'ài	love of mother
2. 显得	V		xiǎnde	to seem; to appear
3. 成人			chéng rén	to grow up
4. 各自	Pr		gèzì	each
5. 匆匆	Adv		cōngcōng	hurriedly
6. 当年	N		dāngnián	in those years
7. 情景	N		qíngjǐng	scene
8. 如今	N		rújīn	nowadays; now
9. 冷清	A		lěngqīng	cold and cheerless; lonely; deserted
10. 不知	V		bùzhī	do not know
11. 便	Adv		biàn	as soon as; as much as
12. 倒	V		dào	to pour
13. 凑	V		còu	to make up the number or amount; to serve as a stopgap
14. 双数	N		shuāngshù	dual; even number
15. 亲自	Adv		qīnzì	personally; in person; oneself
16. 不许	V		bùxǔ	not allow
17. 眼泪	N		yǎnlèi	tear
18. 扣	V		kòu	to place a cup, bowl, etc. upside down
19. 涌	V		yǒng	to gush; to well; to pour
20. 幢	M		zhuàng	*measure word for buildings*
21. 喘气			chuǎn qì	breathe (deeply); pant; gasp
22. 真是	V		zhēnshi	really

23.	衣架	N	yījià	clothes rack
24.	玻璃	N	bōli	glass
25.	书柜	N	shūguì	book cabinet; bookcase
	柜	N	guì	cupboard cabinet
26.	朝	Prep	cháo	facing; towards
27.	灰尘	N	huīchén	dust; dirt
	灰	N	huī	ash
28.	地震	N	dìzhèn	earthquake; earthshock
	震	V	zhèn	to shake; to shock; to vibrate
29.	砸	V	zá	to pound; to smash; to tamp
30.	竟然	Adv	jìngrán	unexpectedly; to one's surprise; actually
31.	遇	V	yù	to encounter; to meet
32.	枕头	N	zhěntou	pillow
33.	挪	V	nuó	to move; to shift
34.	脸	N	liǎn	face
35.	侧	N	cè	side
36.	从小	Adv	cóngxiǎo	from childhood
37.	干燥	A	gānzào	dry; arid
	干	A	gān	dry
	燥	A	zào	dry
38.	摸	V	mō	to touch
39.	被子	N	bèizi	quilt
40.	褥子	N	rùzi	tick; mattress

41. 不安	A	bù'ān	uneasy
42. 仰	V	yǎng	face upward
43. 漫漫长夜		mànmàn cháng yè	long night
漫漫	A	mànmàn	(of place) boundless; (of time) long and slow
44. 入睡		rù shuì	to fall asleep
45. 张望	V	zhāngwàng	to look around; to peep
望	V	wàng	to gaze into the distance; to look far ahead
46. 扶	V	fú	to support with the hand
47. 擦	V	cā	to scrape; to wipe
48. 矮小	A	ǎixiǎo	short and small
矮	A	ǎi	short; low
49. 慈祥	A	cíxiáng	kindly
50. 白发苍苍		bái fà cāngcāng	hoary-haired
苍苍	A	cāngcāng	grey

二.语 法

（一）短语组合

1. 冷清 [状~] 非常~   真是~   有点~
    [~补] ~得很   ~多了   ~极了
    [~中] ~的家   ~的房间   ~的商场

2. 倒 [~宾] ~茶   ~酒   ~水
    [状~] 马上~   亲自~   匆匆~

[~补]	~出来	~满	~了几次

3. 准备
[~宾]	~钱	~晚饭	~考试	~出发
[状~]	好好~	正在~	必须~	从小~
[~补]	~完	~好	~起来	
[~中]	~的时间	~的情况		

4. 凑
[~宾]	~数	~人	~钱	
[状~]	难~	好~		
[~补]	~不上	~起来	~出	~够

5. 搬
[~宾]	~家	~东西	~桌子	
[状~]	马上~	一起~	刚~	正在~
[~补]	~过三回	~过来	~不动	~了两天

6. 习惯
[~宾]	~这里的生活	~住平房	~吃辣的	
[状~]	很难~	已经~	慢慢~	竟然~
[~补]	~不了	~得很	~多了	

（二）词语例解

1. 各自忙着自己的事

代词"各自"指各人自己,或各个方面中代表自己的一方。例如:

(1) 各自忙着自己的事。

(2) 这些画家们都有各自的风格。

(3) 参加比赛的足球队各自在学校做准备。

(4) 现在请大家各自介绍一下经验。

2. 如今想起来好像是在梦里一样

"如今"是时间名词,指"现在"。例如:

(1) 他如今是大学老师了。

(2) 如今跟过去不同了,不能按老规矩办婚事了。

(3) 事到如今,他也没有别的办法,只好这么做了。

3. 她不知拿什么给我好

动词"不知"是"不知道"的意思。"不知"的宾语一般是动词短语或主谓短语,而且必须含有疑问代词。例如:

(1) 不知下午开什么会。

(2) 我不知谁会参加比赛。

(3) 他不知该怎么办。

"不知……好"格式,常用于表示在某种情况下一时想不出解决问题的办法或主意。例如:

(4) 老母亲很激动,一时不知说什么好,拉着我的手说:"你回来了。"

(5) 她不知拿什么给我好。

(6) 我不知怎么回答好。

4. 便忙给我倒酒

副词"便"表示两件事接得很紧或某件事在很短时间之内即将发生, 这与副词"就"的用法相同,但多用于书面语。例如:

(1) 我说喝,母亲便忙给我倒酒。

(2) 我才喝了三杯,母亲便说:"喝酒不好,要少喝。"

(3) 我这头疼病一会儿便好。

5. 亲自给我倒了一杯

副词"亲自"是自己的意思。但它表示由于重视某事或某事很重要,才自己去做。例如:

(1) 她说完亲自给我倒了一杯。

(2) 这张表需要你亲自来填。

(3) 开学的时候,院长们都要亲自到宿舍看望新同学。

(4) 他父亲亲自到医院去感谢大夫。

6. 小屋真是小

"真是"有"实在是"的意思,例如:

(1) 小屋真是小。

(2) 那人真是怪。

(3) 他这样对朋友真是不好。

"真是(的)"单独用时,有表示不满或责怪的意思。例如:

(4) 真是,他这样做太不应该了。

(5) 他怎么还不来,真是的。

7. 头朝哪边睡

介词"朝"表示动作对着的方向或目标。只用于具体动作动词前,修饰双音节动词时,"朝"后可加"着"。例如:

(1) 你头朝哪边睡?

(2) 大门朝南开。

(3) 请大家朝我这边看。

(4) 他们朝着确定的目标前进。

8. 母亲竟然想到了地震

副词"竟然"表示出人意料。有时也可以用"竟"。例如:

(1) 母亲竟然想到了地震。

(2) 我昨天跟他说了三四次,今天他竟然把这事忘了。

(3) 他请我们去饭馆吃饭,竟忘了带钱。

(三)句子结构

……就……

副词"就"常和"如果、要是、只要"等词连用,构成假设句。连词"如果、要是、只要"等可以省略。例如:

(1) 喝多了,吃菜就不香了。

(2) 想喝就再喝一杯吧。

(3) 有问题就来找我。

(四)复句与句群:一般并列关系

1. 一般并列复句

一般并列复句常用的关联词有:"又 p,又 q"、"也 p,也 q"、"一面 p,一面 q"、"一边 p,一边 q"、"既 p,又 q"等,例如:

(1) (母亲)又怕儿子喝,又劝儿子喝。

(2) 她没有说什么,他也没有再说什么。

（3）听说你病了，他饭也吃不下，觉也睡不好。

（4）他一面帮家里做农活，一面跟着父亲念点儿书。

（5）他一边穿衣服，一边往外走。

（6）他既是老师，又是学生。

（7）他既喜欢音乐，也喜欢文学。

当分句的关系比较清楚时，这种复句也可以不用关联词，例如：

（8）床的东头是衣架，西头是玻璃书柜。

（9）母亲看看被子，摸摸褥子。

2. 表示并列关系的紧缩句

有些句子以单句形式也可以表达复句内容。这种句子可以看成是由复句紧缩而成的。

下面是表示并列关系的紧缩句式：

（1）这双鞋不大不小。（这双鞋既不大，也不小。）

（2）他能文能武。（他既能文，又能武。）

3. 并列句群

句群由两个或几个句子组合起来表示一层意思。其组合关系跟复句的类型一样，有并列的、选择的、因果的、条件的等等。句群的连接，可以使用关联词，也可以不用。

本课先介绍并列句群。

（1）第一，要听老师的话；第二，要团结同学；第三，要每天写日记；第四，不要乱花钱。

（2）别的动物吃生的，只有人类烧熟了吃。别的动物走路都是用四只脚，只有人类是用两条腿走路。别的动物的嘴只会吃东西，人类的嘴除了吃东西还会说话。

三. 练 习

（一）给下列汉字注上拼音并组成词或短语

倒　　　　梦　　　　冷　　　　凑

喘　　　　玻　　　　震　　　　砸

（二）选词填空

1. 大门＿＿＿＿南开。（往　朝　对）

2. 妈妈很高兴，＿＿＿＿说什么好了。（不过　不但　不知）

3. 星期天的街上，人＿＿＿＿多。（真是　可是　还是）

4. 他以前学习不好，＿＿＿＿却已经是老师了。（如今　以后　从此）

5. 打开门一看，来的＿＿＿＿是十年没见过面的老朋友。（忽然　竟然　当然）

6. 参加晚会的同学＿＿＿＿准备了一个小节目。（各自　亲自　亲手）

7. 他应该＿＿＿＿去那儿了解一下情况。（各自　亲自　亲手）

8. 他毕业以后很快＿＿＿＿找到了一个理想的工作。（才　可　便）

（三）用恰当的关联词语完成对话

1. A：母亲劝儿子喝酒时是怎么想的？

   B：母亲又希望儿子喝点儿酒，＿＿＿＿怕儿子喝多了对身体不好。

2. A：你哥哥有些什么爱好？

   B：我哥哥爱好很多，他＿＿＿＿喜欢听音乐，又喜欢看电影。

3. A：中国农村的孩子跟城里的孩子有什么不一样？

   B：农村的孩子一般都是一面上学，＿＿＿＿帮助家里干些活。

4. A：听到有人敲门，小张是不是马上把门打开？

   B：不是，他＿＿＿＿往外走，一边问是谁。

5. A：听说父亲病了，女儿很着急吧？

   B：女儿非常着急，饭＿＿＿＿吃不下，觉＿＿＿＿睡不着。

6. A：他们到车站以后，是不是等了很长时间的车？

   B：他们没有早到，＿＿＿＿没有晚到，他们一到车站车就进站了。

7. A：你为什么喜欢那家咖啡厅？

   B：那家咖啡厅环境很好，音乐＿＿＿＿很好。

8. A：有问题可以打电话找您吗？

   B：有问题＿＿＿＿给我打电话，别客气。

（四）根据课文内容判断下列句子的对错

　　1. 因为孩子多，母亲的家一直很热闹。　　　　　　　　（　　　）

　　2. 母亲让"我"喝五杯，因为"五"这个数字好。　　　　（　　　）

　　3. 女儿的小床放在小屋里。　　　　　　　　　　　　　（　　　）

　　4. "我"习惯朝右侧着身体睡。　　　　　　　　　　　　（　　　）

　　5. "我"也经常想母亲是怎么睡的。　　　　　　　　　　（　　　）

（五）根据课文内容回答下列问题

　　1. 母亲的家为什么冷清了？

　　2. 母亲为什么一会儿不让"我"喝酒，一会儿又劝"我"喝酒？

　　3. 母亲来"我"的新家，为什么喘不过气来？

　　4. 母亲为什么既不让"我"头朝东边睡，又不让"我"头朝西边睡？

　　5. 母亲为什么不同意"我"脸朝里睡，"我"要脸朝外睡，母亲为什么还是不同意？

　　6. 你觉得"我"应该为母亲做些什么？

（六）复句练习

1. 将左右两部分连起来组成一个完整的并列复句，并将左边的序号填在右边的括号里

　　(1) 他一边吃着饭　　　　　　　（　　）环境也不错，真是不错

　　(2) 对儿子来说，老宋既是父亲　（　　）又爱下棋

　　(3) 这个饭店，酒也好，菜也好　（　　）又是母亲

　　(4) 她没有抬头　　　　　　　　（　　）一边听着音乐

　　(5) 马大为爱好很多，又爱打球　（　　）也喜欢现代的

　　(6) 我特别喜欢文学，既喜欢古代的（　　）他也没有抬头

2. 将下列句子改成紧缩句

　　例：她既能唱歌，又能跳舞。→ 她能唱能跳。

(1) 他既能写,又能算。

(2) 我弟弟又能吃,又能玩。

(3) 她既不胖,也不瘦。

(4) 孩子们一边唱歌、一边跳舞地欢迎外国客人。(边……边……)

(七) 综合运用练习

1. 写出你知道的跟"家庭"有关的所有词汇。对于现在还不会而想学习的词,可以先用母语写出

例词:

(1) 父亲	爸爸	母亲	妈妈 ……	
(2) 祖父	爷爷	外祖父	姥爷 ……	
(3) 祖母	奶奶	外祖母	姥姥 ……	
(4) 家庭	亲人	全家	亲戚 ……	
(5) 结婚	生孩子	三代同堂	分居	离婚 ……
(6) 照顾	培养	关心	依靠 ……	
(7) 床铺	枕头	被子	床单	褥子 ……

2. 说一说,尽量用上刚刚学会的词

(1) 你喝没喝过中国的酒?

(2) 你跟中国人一起喝过酒吗? 你知道中国人为什么爱劝酒吗?

(3) 你习惯朝哪边侧着身体睡觉? 为什么?

(4) 你喜欢吃你母亲做的饭吗? 你每天在哪儿吃饭?

(5) 你经常跟父母在一起吗? 常跟父母在一起做些什么?

(6) 以后你打算自己住,还是跟父母一起住?

3. 写一写,尽量用上刚刚学会的词

家庭情况 (比较不同的文化)

(1) 父母与子女的关系

(2) 子女什么时候离开父母独立生活

(3) 子女在经济上对父母的依赖

(4) 子女对老年父母的照顾

4. 语言游戏

二人一组做"棒子打老虎"的游戏。(游戏规则:棒子打老虎,老虎吃鸡,鸡吃虫子,虫子咬棒子。)

例：A：棒子棒子鸡。

B：棒子棒子老虎。(赢)

A：棒子棒子虫子。

B：棒子棒子鸡。(赢)

A：棒子棒子棒子。

B：棒子棒子老虎。(输)

四. 阅读·会话·听力

阅读

背起瘫痪的父亲读大学

一名来自农村的大学生,当自己的家庭发生不幸之后,困境中的他却背起瘫痪的父亲去读大学。这件事情就发生在苏州大学三年级学生王中身上。苏州大学学生宿舍楼附近的一间10多平方米的矮房子,是王中和他父亲住的地方。两张小床几乎把整个房间占满了,房间里最贵重的东西就是同学送的12吋黑白电视机。瘫痪半年多的父亲静静地躺在床上,见到客人来了只能点点头。

记者进屋的时候,王中的父亲坐在破旧的轮椅上,眼睛看着屋外的阳光，自己却没有能力走出去。他虽然只有61岁，但看起来显得很苍老。他说，除了儿子，家里已经没有什么亲人了，自己瘫痪后不能种地，连自己的生活也不能照料。说到以后的生活，他不知道该怎么办。他说，儿子很孝顺，不嫌弃他，上学还要照顾他。他还说，儿子一岁多时，妻子就去世了，他把儿子培养成人确实很不容易。儿子从小就帮他干活，跟着他受的苦太多了。不过，儿子很争气，竟然考上了大学，而且学习成绩也不错，他这个做父亲的很满意。他只是不想太拖累儿子。

苏州大学商学院知道王中把父亲接到苏州后，很快从学生活动经费中拿出1000元补助王中作生活费。记者还了解到，苏州大学已决定减免王中的学费。王中所在班上的同学也是有钱的出钱，有力的出力，大家都在想办法帮助他度过难关。现在班上的同学已开始轮流照顾王中的父亲了。

记者再次采访了这个孝顺而又坚强的学生。他告诉记者，对于把父亲接到苏州来生活，一边读大学，一边照顾父亲，他是做了充分准备的。本来想自己度过这个难关，不去打扰别人，而且他觉得自己只是做了一件应该做的事。现在社会各个方面一下子都向他提供帮助，他既感谢大家，又感到有些压力。他很乐观地认为，一个人对于自己出生在什么样的家庭是无法选择的，他虽然物质上暂时没有别人富裕，但也有自己的强项，那就是特别能吃苦，他坚信贫穷是可以改变的。

补充生词

1. 背	V	bēi	to carry sth. on one's back
2. 瘫痪	V	tānhuàn	to be paralyzed
3. 吋	M	cùn	inch
4. 轮椅	N	lúnyǐ	wheelchair
5. 孝顺	A	xiàoshùn	filial piety

6. 嫌弃	V	xiánqì	to dislike and avoid
7. 争气		zhēng qì	to try to make a good showing; to try to win credit for
8. 拖累	V	tuōlèi	to encumber; to be a burden on
9. 难关	N	nánguān	difficulty
10. 打扰	V	dǎrǎo	to disturb; to trouble
11. 压力	N	yālì	pressure
12. 乐观	A	lèguān	optimistic
13. 强项	N	qiángxiàng	advantage; strong point

阅读练习

1. 根据阅读课文内容,完成下列句子

（1）王中是＿＿＿＿＿农村的大学生。

（2）他一边＿＿＿＿＿,一边＿＿＿＿＿。

（3）王中家里,＿＿＿＿＿父亲,没有别的亲人。

（4）王中父亲瘫痪了,他＿＿不能种地,＿＿不能照料自己的生活。

（5）王中＿＿＿＿＿想自己克服这暂时的困难,不去打扰别人。

（6）王中班上的同学也是有钱的＿＿＿＿＿,有力的＿＿＿＿＿。

（7）对大家的帮助,他＿＿＿＿＿表示感谢,＿＿＿＿＿感到有些压力。

2. 根据阅读课文内容回答下列问题

（1）王中是中国哪个大学的学生?

（2）王中的母亲是什么时候去世的?

（3）他为什么要背着父亲上大学?

（4）王中打算怎样克服这暂时的困难?

（5）他父亲感到最满意的是什么?

父母的爱成了一种负担

记者：很高兴采访您，听说第一次参加比赛时，您没有告诉您父母？

演员：是的。我从小就是在父母的爱护中长大的，他们不愿意看到我受伤害，无论大事小事都管着我。可是我一直希望独立。我第一次参加跳舞比赛，怕他们说我跳得不好，不让我参加，所以没有告诉他们，就偷偷地去了。我想，要是跳得好，我当然会告诉他们，要是不好，他们也不知道。那次隐瞒，让我第一次体会到了独立的快乐，因为爸爸、妈妈过分的爱，对我已经是一种负担了。

记者：父母的爱怎么会成一种负担呢？

演员：在一些同学的眼里，这是一种幸福。很多同学羡慕地跟我说："你爸爸天天开车来接你，多好。"其实他们不知道，每天放了学，一看到爸爸在那儿等着我，我就头疼。那个时候，我最大的梦想，就是能够骑一辆车自己去上学。

记者：您来北京上学以后，父母再也管不着您了吧？

演员：15岁那年，我离开青岛的家来到北京上学，每天少不了的功课就是接家里的电话。

记者：现在您已经是电影明星了，父母还管您吗？

演员：明星，不敢当。不久前，我在北京买了一套房子，让爸爸妈妈搬来跟我一起住。说真的，他们对我照顾得很好，但有时候我真想再买一套房子，可以拥有自己的空间，可以独自在里面工作、看书、学习。可我妈反对说："你现在不是挺好的吗，你有自己的房间，为什么还要再买房子？"现在我每天晚上出去，一般11点就得回家，因为这是父母给我立的规矩。要是晚了一点儿,他们就会给我打电话,催我赶快回家,我觉得很烦。说实在的,父母的一些想法我是可以理解的,他们是为了我好。可是,我已经长大了,很多事自己能处理好,父母完全可以放心。

补充生词

1.	爱护	V	àihù	cherish; to take good care of
2.	伤害	V	shānghài	to damage; to hurt
3.	隐瞒	V	yǐnmán	to hide; to hold back
4.	过分	A	guòfèn	excessive; undue; over-
5.	羡慕	V	xiànmù	to admire; to be envious of
6.	明星	N	míngxīng	star
7.	空间	N	kōngjiān	space
8.	催	V	cuī	to urge; to hasten
9.	烦	A	fán	to be annoyed; to be irritated
10.	处理	V	chǔlǐ	to deal with; to handle

会话练习

1. 分角色朗读。

2. 讨论:能不能说父母的爱是一种负担?怎样理解父母的爱?

真 爱

补充生词

1. 飘	V	piāo	to flutter; float (in the air)
2. 雪花	N	xuěhuā	snowflake
3. 早班	N	zǎobān	morning shift
4. 喇叭	N	lǎba	horn; loudspeaker
5. 落	V	luò	to drop; to fall
6. 抛	V	pāo	to throw; to toss
7. 震撼	A	zhènhàn	shocked

听力练习

1. 听录音并根据录音内容判断下列句子的对错

    (1) 那是一个冬天的早上。   (   )

    (2) 我坐在一辆公共汽车上。   (   )

    (3) 街上很冷,但是不黑。   (   )

    (4) 那对老夫妇也要坐公共汽车。   (   )

    (5) 司机是个年轻人。   (   )

    (6) 司机不让老夫妇上车,就把车开走了。   (   )

    (7) 司机开车后我很生气。   (   )

    (8) 我和司机都不认识那对老夫妇。   (   )

2. 边听录音边填空

    一个冬天的_____,天上_____着雪花,我在_____黑_____冷的街上等早班公共汽车。_____的地方有一对老年夫妇_____在等车,身

_____落了一层雪，看样子_____等了好长时间了。早班车_____开来了，汽车叫着喇叭_____老夫妇身旁开过，停_____我身旁。我上车后司机_____开动了车，_____风雪中的老夫妇抛在路旁。老夫妇_____招呼，_____好像在说什么。我_____地问司机："难道你没看到那两个老人_____招呼吗？你为什么不让老人_____？""看到了。"年轻的司机高兴地说："今天是我_____上班。那是我爸爸、妈妈，他们_____来看我第一天上班的。"那一刻，我的心_____深深地震撼了。

3. 听录音后回答下列问题

　　(1) 那天早上，天气怎么样？

　　(2) 在公共汽车站等车的一共有几个人？

　　(3) "我"上车后，雪还在下吗？

　　(4) "我"为什么生气了？跟谁生气？

　　(5) 那对老夫妇为什么来车站？

祝你情人节快乐

一. 课 文

我从银行存钱回来，只看见一片黑烟，我们住的楼已经成了废墟。

等我终于明白发生了什么事情的时候，我已和房东太太坐上了去医院的出租车。

在病房里，我找到了志强。谢天谢地！他的烧伤不太重，已经清醒过来了。我跑了过去，弯下腰，握住他的手，哭了起来。房东太太的房子在大火中烧光了，但她还是安慰我们说："没关系，保险公司会赔偿的。"我和志强勉强地笑了笑，心想：你的房子保了险，但我们的财产却没有保险。

我丈夫志强，在美国的一所大学读博士。我是来陪他的。我也一直希望能得到读服装设计硕士学位的奖学金，但这个专业的奖学金连美国人都很少能拿到。所以，我们生活非常节省，希望攒下点钱，有一天我也能自费继续我的学习。可如今，一场大火把我们的东西都烧光了，手里只剩下以前攒下的几千美元了。

我擦干眼泪，握着志强的手，安慰他说："没关系，医生说你两个星期后就可以出院了，我们还有些钱，一切可以从头再来！"

房东太太把我们预交的三个月房租退给了我们，还帮我们找了一套比较便宜的房子，房租是原来的三分之一，而且还不要我们预交房租。

陪着志强住院的时候，我买了些便宜的花布，拿到医院去做成窗帘、床罩，还用剩下的花布给儿童病房做了两只小狗。因为志强住在大病房，所以大家都知道了我们的故事，一位老年病友送给我们一个旧电视，还有一个叫汤米的黑人小伙子，送给我们一套桌椅。总而言之，最需要的东西差不多都有了，两个星期之后，我们新租的房子已经可以住了。

志强出院的那天，我包了很多饺子带到医院去，算是感谢病友们对我们的帮助。大家一看见饺子就说："中国点心好吃！"——"中国点心"是他们对我做的馅饼、包子、饺子的称呼。汤米拿出一大束鲜花，然后，大家一起喊了起来："祝你们情人节快乐！"我和志强感动得说不出话来，因为来美国四年了，我们还没有过过一次情人节。

走的时候，我们把那束鲜花和一盘饺子留给了志强旁边的那位病人——他是几天前由于自杀被送进医院的。一直到我们离开的时候，他还没有清醒过来。因此，我给他写了一张明信片："先生，希望您能看到我们的礼物，并坚强地活下去！"

接下来的日子，志强一直在写他的论文。他的大部分资料都存在家中的电脑里，大火烧起来的时候，他本来已经跑出来了，但为了抢救那台电脑，他又跑回房里去，才被烧伤的，可是电脑还是没有能抢救出来。因此志强只好从头开始写他的论文。这样一来，就耽误了大半年的时间，他只好推迟毕业。然而，耽误的时间是没有奖学金的，而且推迟毕业，对志强留校也有很大的影响。我们存的钱也不多了，日子过得一天比一天艰苦。

又是情人节了。我和志强去年就说好了，无论日子怎么艰苦，以后每年都要庆祝情人节。我做好了晚饭等他。志强从学校回来了，手里拿着一封信。我接过那封信就连忙拆开来，上面写着：

亲爱的李先生、李太太：

你们好！

收到这封信，可能你们会感到很奇怪。我是去年情人节住在李先生旁边的病人。当时，由于我的公司快要破产，我的太太又一病不起，离开了我，因而我绝望了，只想跟她一起走。可当我醒过来的时候，看到了你们留下的饺子、鲜花和明信片。我从病友们那里知道了你们的故事，它让我想了很多。我想我的太太如果活着，也一定不希望我那样做。身体好了之后，我终于找到了愿意支持我的银行，现在，公司一天天地好起来了。我看到过李太太给儿童病房做的小狗，做得很有意思，又听说李太太是学服装设计的，不知有没有兴趣到我的公司来。

希望你们给我一个答复！

再一次谢谢你们，是你们给了我重新奋斗下去的勇气。

祝你们情人节快乐！

我把那封信和他寄来的名片，看了一遍又一遍，不禁大声地读了出来。志强走了过来，紧紧地拥抱着我，然后小声地说："祝你情人节快乐。"

（原文作者：愤怒，本文稍有删改。）

生词

1. 片	M	piàn	scene or wide expanse; slice
2. 烟	N	yān	smoke
3. 废墟	N	fèixū	ruins; debris
4. 发生	V	fāshēng	to happen; to occur; to take place
5. 房东	N	fángdōng	landlord
6. 谢天谢地		xiè tiān xiè dì	thank God
7. 烧伤	N	shāoshāng	burn
烧	V	shāo	to burn
8. 清醒	A	qīngxǐng	clear-headed; to regain consciousness
醒	V	xǐng	to wake up; to regain consciousness
9. 光	A	guāng	used up; nothing left
10. 安慰	V/N	ānwèi	to comfort; console
11. 赔偿	V/N	péicháng	to compensate; to pay for; compensation
12. 勉强	A/V	miǎnqiǎng	reluctant; to do with difficulty
13. 财产	N	cáichǎn	wealth
14. 博士	N	bóshì	doctor
15. 服装设计		fúzhuāng shèjì	dress design
服装	N	fúzhuāng	clothing; costume
设计	V	shèjì	to design
16. 硕士	N	shuòshì	master
17. 学位	N	xuéwèi	academic degree
18. 奖学金	N	jiǎngxuéjīn	fellowship; scholarship

19. 节省	V	jiéshěng	to save
20. 攒	V	zǎn	to accumulate; to save money
21. 自费	A	zìfèi	at one's own expense
22. 剩	V	shèng	to remain; to be left (over)
23. 从头	Adv	cóngtóu	from the beginning
24. 预	Adv	yù	beforehand; in advance
25. 退	V	tuì	to move back; to return
26. 原来	A/Adv	yuánlái	former; formerly; originally
27. 窗帘	N	chuānglián	curtain; window curtain
28. 床罩	N	chuángzhào	bedspread; counterpane
罩	V/N	zhào	to cover; cover
29. 儿童	N	értóng	children
30. 黑人	N	hēirén	Black
31. 总而言之		zǒng ér yán zhī	in brief; altogether; to sum up
32. 算是	Adv	suànshì	regard as; count as
33. 病友	N	bìngyǒu	people who become friends in hospital; wardmate
34. 馅饼	N	xiànbǐng	pie
馅	N	xiàn	stuffing
35. 包子	N	bāozi	steamed stuffed bun
36. 喊	V	hǎn	to shout; to yell; to cry out
37. 感动	V	gǎndòng	to be affected; to be moved
38. 留	V	liú	to leave behind

39.	自杀	V	zìshā	to commit suicide
	杀	V	shā	to kill
40.	因此	Conj	yīncǐ	thereby; therefore; thus; hence
41.	并	Conj	bìng	and
42.	坚强	A	jiānqiáng	strong; staunch
43.	论文	N	lùnwén	thesis; paper
44.	抢救	V	qiǎngjiù	to rescue; to salvage
	救	V	jiù	to save
45.	只好	Adv	zhǐhǎo	have no choice but to...
46.	耽误	V	dānwu	to delay; to hold up
47.	推迟	V	tuīchí	to suspend; to defer
48.	然而	Conj	rán'ér	however; nevertheless; whereas
49.	庆祝	V/N	qìngzhù	to celebrate; celebration
50.	拆	V	chāi	to dismantle; to remove
51.	一病不起		yí bìng bù qǐ	to fall ill and never recover
52.	感到	V	gǎndào	to feel
53.	由于	Conj/Prep	yóuyú	because; for; due to; owing to; as a result of
54.	破产		pò chǎn	to go bankrupt
55.	因而	Conj	yīn'ér	as a result; thus
56.	绝望	A	juéwàng	to despair; in despair
57.	答复	V	dáfù	to reply
58.	重新	Adv	chóngxīn	afresh; again

59. 奋斗	V	fèndòu	to strive; to struggle
60. 勇气	N	yǒngqì	courage
61. 不禁	Adv	bùjīn	cannot help doing sth.
62. 紧	Adv	jǐn	tight
63. 拥抱	N/V	yōngbào	embrace; to hug
64. 情人节	PN	Qíngrén Jié	Valentine's Day
情人	N	qíngrén	sweetheart
65. 李志强	PN	Lǐ Zhìqiáng	Li Zhiqiang (name of a person)
66. 汤米	PN	Tāngmǐ	Tommy (name of a person)

二. 语 法

（一）短语组合

1. 发生 [~宾]　~情况　　　~事儿　　　　~困难　　　　~作用
　　　[状~]　突然~　　　经常~　　　　竟然~　　　　推迟~
　　　[~补]　~得早　　　~过多次
　　　[~中]　~的问题　　~的时间　　　~的地方

2. 安慰 [~宾]　~病人　　　~他　　　　　~姐姐
　　　[状~]　好好~　　　只好~　　　　总是~
　　　[~补]　~了半天　　~一下　　　　~不了

3. 坚强 [状~]　特别~　　　很~　　　　　不太~
　　　[~补]　~极了　　　~得很　　　　~得多
　　　[~中]　~的样子　　~的人

4. 耽误 [~宾]	~时间	~孩子	~上班	~吃饭
[状~]	不得不~	一直~	别~	
[~补]	~一下	~下去	~不了	

5. 推迟 [~宾]	~婚期	~毕业	~演出	
[状~]	适当地~	不必~	只好~	
[~补]	~三年	~得太多	~一会儿	

6. 绝望 [状~]	完全~	真正地~	不禁~	
[~补]	~极了	~过几次	~得很	
[~中]	~的心情	~的病人	~的样子	

7. 支持 [~宾]	~朋友	~家庭	~生活	~你的工作
[状~]	全面~	长期~	不断地~	
[~补]	~一会儿	~不住		
[定~]	大家的~	朋友的~	亲人的~	

8. 兴趣 [动~]	有~	产生~	感~	发生~
[~谓]	~增加	~改变	~相同	
[定~]	他的~	学习的~	各种~	

（二）词语例解

1. 谢天谢地！他的烧伤不太重

"谢天谢地"是习惯用语,原来用于表示感谢天地,现在常用于表示感激或庆幸。例如:

(1) 谢天谢地！他的烧伤不太重,已经清醒过来了。

(2) 你能把自己的房间整理好,我已经谢天谢地了。

(3) 这本书我找了好久也没找到,谢天谢地,今天我终于买到了。

2. 勉强地笑了笑

形容词"勉强"表示不是真心愿意的。例如:

(1) 我和志强勉强地笑了笑。

(2) 我们说了半天,他才勉强地同意我们参加。

有时表示能力不够还努力去做。例如：

    (3) 这篇文章我勉强把它翻译完了。

    (4) 他一点儿经验也没有，让他做这事，确实很勉强。

3. 原来的三分之一

    文中的"原来"是形容词，表示最初的或者没有改变以前的。例如：

    (1) 现在的房租是原来的三分之一。

    (2) 他还住在原来的地方。

    (3) 大家都按原来的计划进行。

4. 总而言之，我们新租的房子已经可以住了

    "总而言之"是"总的来说"的意思，常作独立语，用于连接上文，引起下文，表示下文是总括性的话。例如：

    (1) 总而言之，最需要的东西差不多都有了，两个星期之后，我们新租的房子已经可以住了。

    (2) 对新事物，有的人赞成，有的人反对，有的人怀疑，总而言之，大家有不同的看法，这是正常的。

5. 因此，我给他写了一张明信片 / 因而我绝望了

    连词"因此"是"因为这个"或"因为这样"的意思，常用于表示结果或结论。"因此"可放在分句的主语前边或者后边，连接两个分句(前一分句有时用"由于")；也可以放在句子的开头，连接两个句子，成为句群。"因而"的用法与"因此"基本相同。例如：

    (1) 一直到我们离开的时候，他还没有清醒过来。因此，我给他写了一张明信片。

    (2) 我的太太又一病不起，离开了我，因而我绝望了。

    (3) 由于我跟他一起工作了很多年，因此，我很了解他的生活习惯。

    (4) 这次虽然失败了，但我们不能因此失去信心。

6. 并坚强地活下去

    连词"并"表示更进一层，有"而且"的意思。连接后一分句时，分句的主语必须承前省略。多用于书面语。例如：

    (1) 先生，希望您能看到我们的礼物，并坚强地活下去！

    (2) 他1998年7月大学毕业，并于同年12月去美国留学。

7. 只好推迟毕业

副词"只好"表示没有别的选择,只能这样做。例如:

(1) 这样一来,就耽误了大半年的时间,他只好推迟毕业。

(2) 爷爷走不快,我们只好走慢点儿。

(3) 你不想去,他也不想去,只好我自己去了。

8. 然而,耽误的时间是没有奖学金的

连词"然而"用在句首,连接分句或句群,表示转折,有"但是"的意思。转折的语气较强,多用于书面语。例如:

(1) 这样一来,就耽误了大半年的时间,他只好推迟毕业。然而,耽误的时间是没有奖学金的。

(2) 事实证明我们的认识是正确的,然而我们的认识还不完全。

(3) 说到小时候,我有很多难忘的事,然而最使我难忘的是爸爸妈妈一起送我上学的情景。

9. 不禁大声地读了出来

副词"不禁"表示"禁不住,忍不住"的意思。例如:

(1) 我不禁大声地读了出来。

(2) 她看见丈夫受了伤,心里不禁难过起来。

(3) 看到这么多糖果,孩子们不禁高兴得跳了起来。

(三)句子结构

由于……,所以/因此/因而……

连词"由于"表示原因或理由,后一分句表示结果,除可以用"所以"外,还可用"因此"或"因而"相配合。"由于"多用于书面语。例如:

(1) 由于他昨天突然得了重感冒,所以今天没有来上班。

(2) 由于那儿现在的生活条件还不太好,因而很多人都不愿去那儿工作。

(3) 由于老师教课认真,因此,同学们的汉语水平提高得很快。

"由于"也是介词,可放在主语的前面或后面,作表示原因的状语。例如:

(4) 由于工作的原因他没有陪我们游览长城。

(5) 我由于没有时间没去上海出差。

（四）复句与句群：一般因果关系

1. 一般因果复句

A. "因为 p，所以 q"是一般因果句的典型句式。一般因果句有两个标志性的关联词：一是表示原因；一是表示结果。例如：

　　(1) 因为志强住在大病房，所以大家都知道了我们的故事。

　　(2) 因为他感冒了，所以没来上课。

　　(3) 因为我是做舞蹈工作的，厨房里炒菜做饭油烟太大，用清洁剂洗碗刷锅对我的皮肤有影响，所以这些事也得你替我干。

B. 也可以只用连词"因为"，省去"所以"。表示原因的分句可以在前，如"因为 p，q"，也可以在后，如"q，因为 p"。例如：

　　(4) 因为学习紧张，(所以)他已经很久没有看电影了。

　　(5) 我把空调打开了，因为天气太热。

C. 也可以只在后一分句用连词"所以"，省去"因为"，如"p，所以 q"。例如：

　　(6) (因为)他今天感冒了，所以没来上课。

　　(7) (因为)天太冷，所以他不想出门。

D. 常用的表示原因的关联词还有"由于"、"因"；常用的表示结果的关联词还有"因此"、"因而"。例如：

　　(8) 由于老师没来，因而上不了课。

　　(9) 老师没来，因此今天的课不上了。

E. 有时，表示原因和结果的关联词可以都不出现，但是，从句子的意思上，我们可以看出两个分句之间隐含着因果关系。例如：

　　(10) 可如今，(因为)一场大火，(所以)我们手里只剩下从前攒下的几千美元了。

　　(11) (因为)这样一来，就耽误了大半年的时间，(所以)他只好推迟毕业。

2. 表示因果关系的紧缩句

　　(1) 明天我有事不能去。(因为我有事，所以不能去。)

　　(2) 他病了没有来上课。(因为他病了，所以没有来上课。)

3. 因果句群

A. 因果句群的常用标志性的关联词有："所以、因此、因而、因为、就因为、原因是、由此看来"等。例如：

(1) 他是几天前由于自杀被送进医院的。一直到我们离开的时候,他还未能清醒过来。因此,我给他写了一张明信片："先生,希望您能看到我们的礼物,并坚强地活下去"。

(2) [原因一]我丈夫志强在美国的一所大学读博士。[结果一,原因二]我是来陪他的。我也一直希望能得到读服装设计硕士学位的奖学金,但这个专业的奖学金连美国人都很少能拿到。[结果二]所以,我们生活非常节省,希望攒下点钱,有一天我也能自费继续我的学习。

(3) {大原因}[小原因一]他的大部分资料都存在家中的电脑里,大火烧起来的时候,他本来已经跑出来了,[小原因二]但为了抢救那台电脑,他又跑回房里去,[小结果一]才被烧伤的,[小结果二]可是电脑还是没有能抢救出来。{大结果}因此,志强只好从头开始写他的论文。

B. 无标志的因果句群:

(4) [原因一]我看到过李太太给儿童病房做的小狗,[原因二]做得很有意思,[原因三]又听说李太太是学服装设计的,[结果]不知有没有兴趣到我的公司来。

(5) {大结果}谢天谢地! {大原因}[小原因]他的烧伤不太重,[小结果]已经清醒过来了。

(6) [原因一]耽误的时间是没有奖学金的,(小原因)而且推迟毕业,(小结果)对志强留校也有很大的影响。[原因二]我们存的钱也不多了,[结果]日子过得一天比一天艰苦。

三. 练 习

（一）给下列汉字注上拼音并组成词或短语

奋　　　　墟　　　　醒　　　　慰

勉　　　　耽　　　　馅　　　　破

（二）选词填空

1. 他本来不愿意,这样做有点_____。（坚强　勉强）

2. 马大为没搬家,还住在_____的地方。（原来　本来）

3. 我妹妹_____她们班学习比较好的。（算是　算成）

4. 小龙是个很聪明的孩子,_____他不太努力。（然而　而且）

5. 谁都不想去,我_____自己去了。（只好　正好）

6. 看见丈夫受了伤,她_____难过起来。（不禁　勉强）

7. 那位作家12日抵达埃及,_____于当天参观了金字塔。（却　并）

8. 我们一起生活这么多年了,_____我很了解他。（因此　因为）

（三）用恰当的关联词语完成对话

1. A：他什么时候把空调打开了?

   B：他一进屋就把空调打开了,_____他觉得屋子里实在是太热了。

2. A：那家公司的工人为什么都失去了工作?

   B：_____那家公司破产了,_____工人们也都失去了工作。

3. A：林娜为什么学习这么好?

   B：林娜学习好,_____她既努力又有很好的学习方法。

（四）根据课文内容判断下列句子的对错

1. "我"跟房东太太一起到医院去,因为她在大火中被烧伤了。（　　）

2. 因为保了险,所以保险公司赔偿了"我们"的财产损失。（　　）

3. "我"的丈夫已经获得了博士学位,可"我"还没有毕业。（　　）

4. 两个星期后,志强出院了,"我们"也有了新的家。（　　）

5. 病友们很喜欢"我"做的中国点心,所以送了一束鲜花向"我"表示感谢。（　　）

6. 到美国四年了,"我们"从没过过情人节。（　　）

7. "我们"把鲜花和一盘饺子留给了一位因自杀而被送进医院的先生。（　　）

8. 虽然志强毕业的时间推迟了,但不会影响他的留校。（　　）

9. 虽然日子过得很艰苦,但"我们"决定以后每年都要庆祝情
   人节。   (   )

10. 第二年的情人节,那位自杀被救的先生给"我们"寄来了感
    谢信,还邀请"我"去他的公司工作。   (   )

(五) 根据课文内容回答下列问题

1. "我们"住的房子出了什么事? 谁受了伤? 伤得严重吗?
2. 保险公司会赔偿谁? 为什么?
3. 志强夫妇在美国是做什么的?
4. "我"给谁做了两只小狗? 是用什么做的?
5. 病友们怎么知道了"我们"的故事? 他们帮了"我们"什么忙?
6. 出院之前,"我们"给谁写了一张明信片? "我们"为什么要那么做?
7. 志强为什么要推迟毕业的时间?
8. 情人节那天,志强带回来的信是谁写来的? 除了信,还有什么?
9. 那位先生为什么要自杀? 他的公司又是怎么一天天好起来的?
10. 他为什么要请"我"去他们公司工作?

(六) 复句练习

1. 将左右两部分组成一个完整的因果复句,并将左边的序号填在右边的
   括号里

   (1) 他被烧得很厉害   (   ) 是你的鼓励给了我生活下去的
   (2) 你们还年轻   勇气
   (3) 由于火车晚点   (   ) 耽误了三个小时的时间
   (4) 这半年我住在学校的宿舍 (   ) 每天吃饭都成了问题
   (5) 赵钢很不好意思   (   ) 一直都没有醒过来
   (6) 我要好好地谢谢你   (   ) 可以从头再来
                              (   ) 他竟然撞倒了一个漂亮的女孩

2. 将下列句子改成紧缩句
   例:这家公司因为管理不好,所以破产了。→ 这家公司管理不好破产了。

（1）我因为钱不够,所以没有买那本书。

（2）他今天太累,因而想早点休息。

（3）那个女孩因为太紧张,所以说不出话来。

（4）经理因为绝望所以想自杀。

（七）综合运用练习

1. 写出你知道的跟"爱情"有关的所有词汇。对于现在还不会而想学习的词,可以先用母语写出。

例词:

（1）爱人　恋人　情人　对象　　男朋友　女朋友……

（2）公公　婆婆　丈夫　妻子　老公　　老婆　太太　子女……

（3）爱情　婚姻　友谊　家庭……

（4）爱　　爱上　喜欢　谈恋爱　结婚　婚姻　分手　离婚……

（5）嫁　　嫁给　娶　娶亲　定亲　说媒……

2. 说一说,尽量用上刚刚学会的词

（1）你在谈恋爱吗? 你和恋人一起过情人节吗?

（2）在你们那里,人们怎么过情人节?

（3）在情人节这一天,商店里面什么东西卖得最快?

（4）在情人节这一天,会有哪些特别的活动?

（5）你对什么行业有兴趣? 你以后想从事哪方面的工作?

（6）你碰到过什么意外事故吗? 那起事故是怎么发生的? 对你有什么影响?

3. 写一写,尽量用上刚刚学会的词

（1）**爱情风俗** (比较不同的文化)

① 恋爱的年龄

② 恋爱的方式

③ 恋爱跟结婚的关系

（2）婚姻风俗

① 结婚的年龄

② 举行婚礼的方式

③ 婚前在经济上的准备

④ 婚后夫妻二人在家务等方面的分工

4. 卡拉永远 OK：

听一首中文歌曲，并学唱。

《假行僧》（词曲：崔健）

★我要从南走到北 我还要从白走到黑

我要人们都看到我 但不知道我是谁

假如你看我有点累 就请你给我倒碗水

假如你已经爱上我 就请你吻我嘴

我有这双脚 我有这双腿

我有这千山和万水

我要这所有的所有 但不要恨和悔

要爱上我你就别怕后悔

总有一天我要远走高飞

我不想留在一个地方

也不愿有人跟随(重复★)

我只想看到你长得美 但不想知道你在受罪

我想要得到天上的水 但不是你的泪

我不愿相信真的有魔鬼 也不愿与任何人作对

你别想知道我到底是谁 也别想看到我的虚伪

啦啦啦……

四. 阅读·会话·听力

阅读

时间与爱

从前，有一个小岛，上面住着快乐、悲哀、知识和爱，还有别的各种情感。

一天，情感们听说小岛快要下沉了。因此，大家便去准备船只，想尽快离开小岛。只有爱决定留下来，她想坚持到最后一刻。

又过了几天，小岛真的开始慢慢地下沉。爱也想离开，她来到海边等着。这时，富裕刚好坐着一条大船从海边经过。爱便请求他："富裕先生，你能带我走吗?"富裕回答："不，我的船上有许多金银财宝，没有你的位置。"富裕说完就开着船走了。

不久，爱又看见虚荣驾驶着一只漂亮的小船来到海边，爱又向他请求："虚荣先生，帮帮我吧!"虚荣连想都没想就拒绝了："爱，对不起，我帮不了你。你全身湿透了，会弄脏我这只漂亮的小船的。"说完，他也走了。

又过了一些时候，悲哀和快乐也一前一后向海边驶过来了。爱先向悲哀请求："悲哀呀，让我跟你一起离开这儿吧!"悲哀哭着回答："噢，爱，我实在是太悲哀了，想自己一个人静静地呆一会儿! 对不起，你去求快乐帮忙吧!"

快乐驶了过来，但她太快乐了，竟然没有听见爱的喊叫和请求!

正当爱因为得不到帮助而感到绝望的时候，她突然听到一声亲切的呼唤："过来吧，爱，让我们来帮助你离开这座快要沉没的小岛。"爱感到很奇怪。说话的竟然是一位白发苍苍的老人。她便匆匆坐进了老人驾驶的木船上。当木船靠岸时，老人便悄悄地走了。

爱上岸后，走到一位正在读书的老人面前，爱问他："请问，您是谁呀？"读书的老人亲切地回答："我是知识老人！""那位帮我的老人又是谁呢？"

知识老人说："他是时间老人啊！"

"时间老人？"爱奇怪地问，"那他为什么要帮助我呢？"

知识老人笑着说："因为只有时间，才能理解爱有多么伟大。"

补充生词

1. 悲哀	A	bēi'āi	grieved; sorrowful
2. 情感	N	qínggǎn	emotion; feeling
3. 沉	V	chén	to sink
4. 位置	N	wèizhì	place; position
5. 虚荣	A	xūróng	vanity; peacocky
6. 驾驶	V	jiàshǐ	to drive; to pilot
驾	V	jià	to drive; to harness
驶	V	shǐ	to drive; to sail
7. 拒绝	V	jùjué	to refuse; to reject
8. 湿	A	shī	damp; wet
9. 透	A	tòu	fully
10. 弄	V	nòng	to do; to deal with; to handle
11. 呆	V	dāi	to stay
12. 亲切	A	qīnqiè	cordial; kindly
13. 呼唤	V	hūhuàn	to call
14. 岸	N	àn	bank; shore
15. 悄悄	Adv	qiāoqiāo	quietly; silently

阅读练习

1. 快速阅读一遍短文内容,并判断下列句子的对错

    (1) 快乐、悲哀、知识和爱这些情感都住在大海上。   (   )

    (2) 除了爱,大家都想赶快离开那个小岛。   (   )

    (3) 虚荣拒绝了爱的请求,是因为他的船上已经没有地方了。(   )

    (4) 悲哀和快乐竟然都没有听见爱的请求。   (   )

    (5) 帮助爱离开小岛的是白发苍苍的知识老人。   (   )

    (6) 正在岸上读书的是时间老人。   (   )

    (7) 只有时间,才能理解爱的伟大。   (   )

2. 再阅读一遍短文内容,为下列各题选择一个最恰当的答案

    (1) 小岛上住着谁?

        A. 各种爱   B. 各种知识   C. 各种情感

    (2) 爱在海边等到的第一只船是谁的?

        A. 大家的   B. 富裕的   C. 情感的

    (3) 虚荣为什么拒绝了爱的请求?

        A. 怕丢失财宝   B. 怕把船弄脏   C. 怕爱比他更漂亮

    (4) 谁想一个人静静地呆一会儿?

        A. 悲哀   B. 快乐   C. 知识老人

    (5) 最后谁帮助了爱?

        A. 一位老人   B. 知识   C. 时间

会话

分工干家务

先生:咱俩结婚都快半年了,这半年我们跟父母住在一起,干不干家务,
      问题都不大。从明天起,咱们有自己的家了,我们得把家务分分

工。现在男女平等，下班以后，我也应该干点儿家务。

太太：太好了！现在我就把怎么分工的事儿跟你说说。首先，脏活累活得男人干吧，比如整理厨房、收拾屋子、打扫卫生什么的。

先生：对，这些家务活儿，我都可以干。

太太：你是学物理的，我是学艺术的，带电的东西也得你负责吧，像洗衣机、电冰箱、电饭锅、电熨斗等。

先生：行！我负责。

太太：男主外，女主内。这是我们中国人的传统。跟外人打交道的活儿也得你干吧。比如每个星期六去超市买一次东西，每个月去银行交煤气、水电费，每天早晚到楼下拿报纸、取牛奶……

先生：行，行，那你干什么呢？

太太：别着急呀。听我说，因为我是做舞蹈工作的，厨房里炒菜做饭油烟太大，用清洁剂洗碗刷锅对我的皮肤有影响，所以这些事也得你替我干。这表示你对我工作的支持。

先生：你还要我干什么？

太太：现在想到的就是这些。以后我们要是有了孩子，需要你干的家务还很多。

先生：你就告诉我你干点儿什么吧！

太太：我当然有很多事儿要做。我可以陪着你，你干活的时候给你放放音乐，陪你聊聊天，给你擦擦汗，让你在轻松愉快中干家务。

先生：这样的分工，我能轻松愉快吗？

补充生词

1. 收拾	V	shōushi	tidy up
2. 卫生	N	wèishēng	sanitation
3. 电冰箱	N	diànbīngxiāng	refrigerator
4. 电饭锅	N	diànfànguō	electric rice cooker

5. 电熨斗	N	diànyùndǒu	electric iron
6. 男主外, 女主内		nán zhǔ wài, nǚ zhǔ nèi	men go out to work while women stay at home to do housework
7. 打交道		dǎ jiāodào	to contact with; to have dealings with
8. 煤气	N	méiqì	gas
9. 清洁剂	N	qīngjiéjì	cleanser
10. 刷	V	shuā	to brush
11. 皮肤	N	pífū	skin

会话练习

1. 分角色朗读。

2. 讨论："男主外, 女主内"这种家庭分工好不好？

听力

牛郎和织女的故事

补充生词

1. 天将	N	tiānjiàng	general in Heaven
2. 天帝	N	tiāndì	the God of Heaven
3. 外孙女	N	wàisūnnǚ	daughter's daughter
4. 天宫	N	tiāngōng	heavenly palace
5. 伤心	A	shāngxīn	sad; broken-hearted
6. 求情		qiú qíng	to plead; to beg for mercy

7. 银河	N	yínhé	the Milky Way
8. 隔	V	gé	to seperate
9. 喜鹊	N	xǐquè	magpie
10. 牛郎	PN	Niúláng	Cowherd in the legend "the Cowherd and the Weaving-girl"
11. 织女	PN	Zhīnǚ	Weaving-girl in the legend "the Cowherd and the Weaving-girl"
织	V	zhī	to weave; to knit

听力练习

1. 听录音并根据录音内容判断下列句子的对错

(1) 牛郎一个人生活,家里很穷。　　　　　　　　　　　　　　　　(　　)

(2) 牛郎请别人帮他打扫屋子、洗衣服和做饭。　　　　　　　　　　(　　)

(3) 那一天,牛郎没有下地干活,他在大树后边休息。　　　　　　　(　　)

(4) 一会儿,有一个美丽的姑娘来到牛郎家,替他做家务。　　　　　(　　)

(5) 那个姑娘的名字是织女。　　　　　　　　　　　　　　　　　　(　　)

(6) 织女告诉牛郎,她看到牛郎很辛苦,所以来帮助他。　　　　　　(　　)

(7) 牛郎要织女做他的妻子,织女同意了。　　　　　　　　　　　　(　　)

(8) 牛郎和织女生了两个女孩。　　　　　　　　　　　　　　　　　(　　)

(9) 天帝派天将把织女抓走了。　　　　　　　　　　　　　　　　　(　　)

(10) 牛郎和织女每年只有七月七日才能见面,这一天也就成了
　　　中国的情人节。　　　　　　　　　　　　　　　　　　　　(　　)

2. 边听录音边填空

　　一天,牛郎干完活回到家,发现屋子里打扫得＿＿＿＿＿＿＿,衣服也都洗得＿＿＿＿＿＿＿,桌子上还摆着＿＿＿＿＿＿＿的饭菜。牛郎非常＿＿＿＿＿＿＿,心想:这是怎么回事呢?

　　第二天,牛郎像＿＿＿＿＿＿＿,一大早就出了门,但他没有＿＿＿＿＿＿＿,而是

在他家旁边的大树后边_____。

　　没过多久，来了一位美丽的姑娘。她进了牛郎的家门就_____。牛郎实在_____，就从大树后边_____，问道："姑娘，请问你为什么要来_____呢？"姑娘看到牛郎，红着脸说："我叫织女，因为看到你干活很辛苦，所以才来帮你的忙。"听了姑娘的回答，牛郎希望织女_____他，织女_____了。

　　牛郎和织女_____成为夫妻。每天牛郎到田里_____，织女就在家里织布、_____。过了几年，他们生了_____两个孩子。生活过得很幸福。

　　一天，有两个天将来到了_____。他们对牛郎说："织女是天帝的外孙女。她_____天宫来到了_____，天帝一直在_____。"说着，两个天将就让织女_____。

　　牛郎到了天宫里，天帝_____他和织女见面。织女_____，坚决要跟牛郎回去。最后天帝不得不答应每年农历_____的_____让织女和牛郎在银河相会一次。

3. 听录音后回答
　　(1) 牛郎是怎么认识织女的？
　　(2) 为什么说牛郎和织女结婚后生活过得很幸福？
　　(3) 天将为什么把织女抓走了？
　　(4) 为什么牛郎织女一年只能相会一次？

五　味

一.课文

　　山西人真能吃醋！几个山西人在北京下饭馆，坐定之后，还没有点菜，先把醋瓶子拿过来，每人喝一茶杯醋，好像要喝个够。旁边的客人直瞪眼。有一年我到太原去，快过春节了。别的地方过春节，商店都供应一点好酒，太原的油盐店却都贴出一个通知："供应老陈醋，每户一斤"。这对山西人来说是大事。

　　山西人还爱吃酸菜，什么都拿来酸，除了萝卜、白菜，还包括杨树叶子。有人来给姑娘说亲，当妈的先问，那家有几口酸菜缸。酸菜缸多，说明家底厚。

　　辽宁人爱吃酸菜白肉火锅。

　　北京人爱吃羊肉酸菜汤下杂面。

　　都说苏州菜甜，其实苏州菜只是淡，真正甜的是无锡。包子的肉馅里也放很多糖，没法吃！

　　广西芋头扣肉特别甜，很好吃，但我最多只能吃两片。

　　广东人爱吃甜食。白薯糖水，这有什么好喝的呢？广东同学说："好啊！"

　　北京人过去不知苦瓜是什么东西，近几年有人学会吃了。

农民也开始种了。农贸市场上有很好的苦瓜卖，属于"细菜"，价格很高。

北京人在口味上开放了！

北京人过去就知道吃大白菜，由此可见，吃大白菜的习惯是可以改变的。

有一个贵州的年轻女演员上我们剧团学戏，她妈妈给她寄来一包东西，叫"鱼腥草"。她让我尝了几根。这是什么东西？苦，倒不要紧，它有一种强烈的生鱼腥味，实在受不了！

剧团有一个工作人员，是个吃辣的专家，他每天中午饭不吃菜，只吃辣椒。在四川北部，听说有一种辣椒不能吃，用一根线挂在灶上，汤做好了，把辣椒放在汤里涮涮，就辣得不得了。

四川人不能说是最能吃辣的。川菜的特点是辣而且麻，——放很多花椒，像麻婆豆腐不放花椒不行。花椒得是川椒，捣碎，菜做好了，最后再放。

浙江东部的人确是吃得很咸，有个同学一吃包子，就得往包子里倒酱油。口味的咸淡和地域是有关的。北京人说南甜北咸东辣西酸，大体不错。河北、东北人喜欢咸，福建菜大多很淡。但这跟个人的性格、习惯也有关。

我不知道世界上还有什么国家的人爱吃臭。

过去上海、南京、汉口都卖油炸臭豆腐干。长沙火宫殿的臭豆腐因为一个大人物年轻时经常吃而出了名。这位大人物后来还去吃过，说了一句话："火宫殿的臭豆腐还是好吃。"

我们一个朋友到南京出差，他的太太是南京人，要他带一点臭豆腐干回来。他千方百计去办，居然办到了。带在火车上，引起全车厢的人强烈抗议。

我在美国吃过最臭的"气死"(干酪)，洋人大多闻到就要掩着鼻子，不过对我来说实在没有什么，比臭豆腐差远了。

中国人口味之杂，敢说是世界第一。

(原文作者：汪曾祺 (1920~1997)，江苏高邮人，现代作家。本文是节选，词语有改动。)

生词

1. 醋	N	cù	vinegar
2. 瞪眼		dèng yǎn	to glare; to stare
瞪	V	dèng	to open wide; to stare
3. 供应	V	gōngyìng	to accommodate; to provide
4. 油	A	yóu	oil
5. 盐	N	yán	salt
6. 通知	V	tōngzhī	to inform; to notify
☆7. 陈醋	N	chéncù	mature vinegar
陈	A	chén	old
8. 户	N	hù	door; family

☆9. 酸菜	N	suāncài	pickled Chinese cabbage; Chinese sauerkraut
酸	A	suān	acid
10. 白菜	N	báicài	cabbage
☆11. 杨树	N	yángshù	poplar
12. 说亲		shuō qīn	to act as a matchmaker
13. 缸	N	gāng	crock; urn; vat
14. 家底	N	jiādǐ	family property accumulated over a long time; resources
15. 厚	A	hòu	thick; deep; large
16. 白肉	N	báiròu	plain boiled pork
17. 下面		xià miàn	to cook noodles in boiling water
18. 杂	A	zá	miscellaneous; mixed; sundry
19. 淡	A	dàn	not salty
20. 真正	A	zhēnzhèng	genuine; true; real
21. 没法	V	méifǎ	can do nothing about it; can't help it
☆22. 芋头扣肉		yùtou kòu ròu	taro cooked with pork
芋头	N	yùtou	taro
23. 甜食	N	tiánshí	sweet food
24. 白薯	N	báishǔ	sweet potato
☆25. 苦瓜	N	kǔguā	balsam pear
26. 农贸市场		nóngmào shìchǎng	market for farm produce
27. 属于	V	shǔyú	to belong to; to be part of

☆28. 细菜	N	xìcài	vegetable out of season and in short supply
29. 价格	N	jiàgé	price
30. 口味	N	kǒuwèi	taste
味	N	wèi	taste; flavour; sapor
31. 由此可见		yóucǐ kějiàn	this shows; can thus see
由此	Conj	yóucǐ	from this; herefrom
☆32. 鱼腥草	N	yúxīngcǎo	cordate houttuynia
腥	A	xīng	having the smell of fish
33. 倒	Adv	dào	*indicating concession*
34. 根	M	gēn	long thin piece
35. 不要紧		búyàojǐn	not be serious; not matter
要紧	A	yàojǐn	important; be serious
36. 强烈	A	qiángliè	strong; intense; violent
37. 辣椒	N	làjiāo	hot pepper; capsicum; chilli
38. 线	N	xiàn	line; thread
39. 灶	N	zào	kitchen range; cooking stove
40. 不得了	A	bùdéliǎo	(of degrees) extremely; exceedingly
41. 麻	A	má	feeling slight prickles or tremors (of tongue)
☆42. 花椒	N	huājiāo	Chinese prickly ash; seed of such plant
43. 麻婆豆腐		mápó dòufu	pockmarked grandma's bean curd

豆腐	N	dòufu	bean curd
44. 捣	V	dǎo	to smash; to pug
45. 碎	A	suì	broken; fragmentary
46. 咸	A	xián	salted; salty
47. 性格	N	xìnggé	character
48. 地域	N	dìyù	region; district
49. 大体	Adv	dàtǐ	roughly; more or less
50. 有关	V/A	yǒuguān	to relate to; to have sth. to do with; related; relevant
51. 炸	V	zhá	to fry
☆ 52. 臭豆腐干		chòu dòufugān	preserved dry bean curd with a strong, distinctive flavour
臭	A	chòu	smelly; foul
53. 大人物	N	dàrénwù	great personage; big shot; VIP
人物	N	rénwù	figure; personage
54. 千方百计		qiānfāng bǎijì	by every possible means; by hook or by crook
55. 居然	Adv	jūrán	unexpectedly
56. 引起	V	yǐnqǐ	to give rise to; to lead to
57. 车厢	N	chēxiāng	railway carriage
58. 抗议	V	kàngyì	to protest
59. 干酪	N	gānlào	cheese
60. 大多	Adv	dàduō	mostly; for the most part
61. 闻	V	wén	to smell

62. 掩	V	yǎn	to cover; to hide
63. 鼻子	N	bízi	nose
☆64. 山西	PN	Shānxī	Shanxi (Province)
☆65. 太原	PN	Tàiyuán	Taiyuan (city in Shanxi Province)
☆66. 辽宁	PN	Liáoníng	Liaoning (Province)
☆67. 苏州	PN	Sūzhōu	Suzhou (city in Jiangsu Province)
☆68. 无锡	PN	Wúxī	Wuxi (city in Jiangsu Province)
☆69. 广西	PN	Guǎngxī	Guangxi (Autonomous Region)
☆70. 广东	PN	Guǎngdōng	Guangdong (Province)
☆71. 贵州	PN	Guìzhōu	Guizhou (Province)
☆72. 浙江	PN	Zhèjiāng	Zhejiang (Province)
☆73. 河北	PN	Héběi	Hebei (Province)
☆74. 福建	PN	Fújiàn	Fujian (Province)
☆75. 汉口	PN	Hànkǒu	Hankou (city in Hubei Province)
☆76. 长沙	PN	Chángshā	Changsha (city in Hunan Province)
☆77. 火宫殿	PN	Huǒgōngdiàn	Huogongdian (name of a restaurant)
☆78. 南京	PN	Nánjīng	Nanjing (city in Jiangsu Province)

（带有☆号的词是本阶段不要求掌握的词。）

二. 语 法

（一）短语组合

1. 贴 　[~宾] 　~通知 　　~广告 　　~海报 　~邮票

　　　[~补] 　~出来 　　~在墙上 　~不上 　~三天

2. 供应 [~宾] ~粮食　　　　~商品　　　　~农村　　　　城市

　　　　[状~] 不断~　　　　经常~　　　　长期~　　　　马上~

　　　　[~补] ~了四年　　　~得很好　　　~得不够

　　　　[~中] ~的蔬菜　　　~的季节　　　~的数量

3. 说明 [~宾] ~原因　　　　~经过　　　　~情况　　　　~问题

　　　　[状~] 大体~　　　　亲自~　　　　向大家~　　　清楚地~

　　　　[~补] ~一下　　　　~得准确　　　~得不够　　　~不了

4. 开放 [状~] 真的~　　　　比较~　　　　正在~　　　　已经~

　　　　[~补] ~一些　　　　~多了　　　　~下去　　　　~得还不够

　　　　[~中] ~的社会　　　~的国家　　　~的政策

5. 强烈 [状~] 确实~　　　　特别~　　　　非常~　　　　最~

　　　　[~补] ~一些　　　　~得受不了　　　~得很　　　　~起来

　　　　[~中] ~的感情　　　~的阳光

6. 涮 [~宾] ~羊肉　　　　~茶杯　　　　~白菜

　　　　[状~] 慢慢地~　　　轻轻地~　　　多~一~

　　　　[~补] ~一下　　　　~得很干净　　　~好了

7. 抗议 [~宾] ~政府　　　　~校长　　　　~这种法律　　~提高物价

　　　　[状~] 强烈~　　　　坚决~　　　　不断地~

　　　　[~补] ~好几次　　　~得很厉害　　　~下去

　　　　[~中] ~书　　　　　~信　　　　　~的原因　　　~的群众

（二）词语例解

1. 好像要喝个够

　　助词"个"在"V+个+A/V"的结构中,跟"得"在"V+得+A/V"结构中的作用差不多,但用"个",大多表示程度高。例如:

　　（1）他们好像要喝个够。

　　（2）雨还是下个不停。

　　（3）他们说个没完。

2. 旁边的客人直瞪眼

副词"直"表示"不停地"、"不断地"的意思,相当于表时间的"一直"。例如:

(1) 旁边的客人直瞪眼。

(2) 他看着可爱的孩子直笑。

(3) 门开了,风直往屋里刮。

3. 没法吃

动词"没法"表示"没有办法"的意思,常带动词作宾语。例如:

(1) 包子的肉馅里也放很多糖,没法吃。

(2) 这事儿跟不少人有关系,没法办。

(3) 他提的那几个问题很复杂,现在我没法回答。

4. 由此可见,吃大白菜的习惯是可以改变的

"由此"是"从这里"的意思。常跟"可见"、"看来"、"可知"、"可以看出"等词语连用,承接上文,引出推论,多用于书面语。例如:

(1) 北京人过去不吃苦瓜,近几年也有人爱吃了。 由此可见,吃大白菜的习惯是可以改变的。

(2) 司机说话时嘴里有很大的酒味,由此可见,这次撞车的原因是司机酒后开车。

(3) 由此看来,学修车比学开车要难得多。

5. 苦,倒不要紧,它有一种强烈的生鱼腥味,实在受不了

副词"倒"的一个用法是表示让步,用在前一分句,后一分句常用"就是、可是、但是、不过"等呼应。例如:

(1) 这件衣服式样倒很好,就是价钱太贵了。

(2) 这个小区生活倒很方便,可是离学校太远了。

(3) 我倒很想去旅行,不过现在没有时间。

6. 大体不错

副词"大体"表示从多数情形或主要方面来看。例如:

(1) 北京人说南甜北咸东辣西酸,大体不错。

(2) 我的想法跟你的意见大体一样。

(3) 他的那篇文章大体完成了。

7. 福建菜大多很淡

副词"大多"表示大部分或多数。也说"大都"例如：

(1) 福建菜大多很淡。

(2) 参加大会的大多是各个大学的学生。

(3) 树上的苹果大都红了。

8. 跟个人的性格、习惯也有关

动词"有关"常与介词"跟"连用,构成"跟……有关"格式,表示与某事物有关系。例如：

(1) 这跟个人的性格、习惯也有关。

(2) 这件事跟老张有关,你去问他吧。

(3) 这些自然现象跟这里的气候有关。

9. 他居然办到了

副词"居然"表示出乎意料。例如：

(1) 太太要他买臭豆腐,他居然办到了。

(2) 他才学了一年汉语,普通话居然说得这么好。

(3) 我这么大声地叫你,你居然没听见。

(三) 句子结构

1. 不……不行

"不……不行"句式是用双重否定表示肯定,有"必须……","一定要……"的意思。也可以说"不……不成"。例如：

(1) 做麻婆豆腐不放花椒不行。

(2) 今天的会太重要了,你不参加不行。

(3) 难道他不去就不成?

2. A/V+得+不得了

形容词"不得了"可以做由"得"连接的程度补语,表示很高的程度,常用在口语中,例如：

(1) 这个菜辣得不得了。

(2) 他们今天高兴得不得了。

(3) 明天就要交作业了,她急得不得了。

（四）复句与句群：一般转折关系

1. 一般转折复句

A. 前后两个句子意思相反或相对,表示某种转折关系。一般转折复句的标志性关联词语常用在后一句子,主要有:"但、但是、只是、可是、然而"等;"不过、却、就是"等也可以表示转折关系,转折的意思轻一些。例如:

(1) 别的地方过春节,商店都供应一点好酒,太原的油盐店却都贴出一张供应老陈醋的通知。

(2) 广西芋头扣肉特别甜,很好吃,但我最多只能吃两片。

(3) 这种水果多有意思,样子奇怪,又有臭味,可是吃起来味道还真不错。

(4) 我在美国吃过最臭的"气死"(干酪),洋人大多闻到就要掩着鼻子,不过对我来说实在没有什么,比臭豆腐差远了。

B. 在有些转折复句中,虽没有表示转折关系的关联词,但根据意思可以判断出它所隐含的转折关系,例如:

(5) 几个山西人在北京下饭馆,坐定之后,还没有点菜,(却)先把醋瓶子拿过来,每人喝一茶杯醋。

(6) 北京人过去不知苦瓜是什么东西,(不过)近几年有人学会吃了。

(7) 苦,倒不要紧,(但)它有一种强烈的生鱼腥味,实在受不了!

2. 表示转折关系的紧缩句

表示转折关系的紧缩句也分有标志和无标志两类。例如:

(1) 他有病可还是来了。(有标志)

(2) 好东西我不认得。(无标志)

(3) 我这是好心办了坏事。(无标志)

3. 转折句群

转折句群的关联词语一般用在后面的句子里。常用的关联词语有:"但是、可是、然而、不过、而、却"等。例如:

(1) 口味的咸淡和地域是有关系的。北京人说南甜北咸东辣西酸,大体不错。河北、东北人喜欢咸,福建菜多很淡。[转折] 但这与个人的性格、习惯也有关。

(2) 欧美的酒吧一般是下午开始营业,许多顾客一下班就来到酒吧,喝上一杯啤酒,顺便吃点东西,常常一泡就是一个晚上,结识许多的朋友。[转折] 而中国酒吧的顾客常常是吃完晚饭才来,所以中国的酒吧一般晚上才开始营业。

(3) 白薯糖水,这有什么好喝的呢? [转折] 广东同学却说:"好啊!"

三.练 习

(一)认字组词

1. 给下列汉字注上拼音并组成词或短语

    醋   瞪   酸   薯

    辣   捣   域   鼻

2. 将下列动词扩展成"状+动"的短语(最少两个)
   (1) 通知
   (2) 供应
   (3) 引起
   (4) 抗议
   (5) 说明

(二)选词填空

1. 雨＿＿＿＿在下,而且下得很大,＿＿＿＿往窗子里打。(直　一直)

2. 我没带钥匙,＿＿＿＿＿打开门,只好问男朋友＿＿＿＿没有。(有办法　没法)

3. 那个撞了人的司机喝酒喝醉了,＿＿＿＿＿,这起事故完全是他的责任。(因为　由此可见)

4. 丽丽这个学期进步很大,＿＿＿＿她找到了一个特别好的家庭教师。(因为　由此可见)

5. 我妹妹个子＿＿＿＿不是很高,但体重＿＿＿＿不轻。(虽然　倒)

6. 同学们说好了一起＿＿＿＿电影院去看那部最新的影片，她＿＿＿＿一个人先去了。（到　倒）

7. 说中国北方菜＿＿＿＿很咸，南方菜＿＿＿＿较淡，＿＿＿＿是对的。（大体　大多）

8. 树上的桃子＿＿＿＿红了的时候，孩子们的新学校也＿＿＿＿完工了。（大体　大多）

（三）用恰当的关联词语填空

1. 他感冒了，＿＿＿＿没来上课。

2. 林芳感冒了，＿＿＿＿还是来考试了。

3. 那个男孩很聪明，＿＿＿＿学习成绩＿＿＿＿不太好。

4. 那双鞋虽然很贵，＿＿＿＿姐姐＿＿＿＿不喜欢。

5. 那件大衣的确漂亮，＿＿＿＿贵了点儿。

6. 这东西很好，价钱＿＿＿＿很合适。

7. 那种汽车＿＿＿＿价钱很贵，＿＿＿＿的确质量很好。

8. 他小时候＿＿＿＿不是很聪明，但＿＿＿＿很努力，＿＿＿＿学习成绩一直不错。

（四）根据课文内容判断下列句子的对错

1. 山西人爱吃醋，所以姑娘们都不愿意嫁给山西人。　　　　（　　）

2. 春节的时候，商店里的东西会比平时多。　　　　（　　）

3. 不光是山西人，苏州人也爱吃酸菜。　　　　（　　）

4. 北京人过去只吃大白菜，现在也吃苦瓜了。　　　　（　　）

5. 四川人是中国人里最能吃辣的。　　　　（　　）

6. 豆腐干臭了以后只能油炸。　　　　（　　）

7. 干酪闻起来比臭豆腐还要臭。　　　　（　　）

8. 中国人的口味，是全世界最杂的。　　　　（　　）

（五）根据课文内容回答下列问题

1. 在山西，如果有人给一个姑娘说亲，她妈妈会先问什么？为什么？

2. 除了山西人，还有哪里人喜欢吃酸的东西？请举例说明。

3. "我"为什么受不了鱼腥草的味道？哪里的人吃这个东西？

4. 川菜的特点是什么？

5. 在中国，口味的咸淡和地域有没有关系？是一种什么样的关系？

6. 除了地域，口味还和什么有关系？

7. "我"的一个朋友为什么在火车上引起全车厢人的抗议？

（六）复句练习

1. 将左右两部分连起来，组成一个完整的转折复句，并把左边的序号填在右边的括号里。

(1) 那种"气死"看起来很漂亮	（　）	不过价钱也贵得不得了
(2) 那只皮包是好看	（　）	但是每次给他打电话他都说没有时间
(3) 火车没有飞机快	（　）	可是味道却臭得不得了
(4) 学校食堂的饭菜没有家里的好吃	（　）	可又有比较高的收入
(5) 他嘴里总是说有困难就找他	（　）	但是却让我节省了很多时间
(6) 她希望工作清闲一点	（　）	可是我觉得它更舒服

2. 将下列紧缩句改成带有标志的转折复句

例：好东西我不认得。→ 是好东西，但是我却不认得。

(1) 好心没好报。

(2) 那个孩子人小心不小。

(3) 他总是会说不会做。

(4) 爱我的我不爱，我爱的不爱我。

(5) 受不了也得受啊！

（七）综合运用练习

1. 写出你知道的跟"饮食文化"有关的所有词汇。对于现在还不会而想学习的词，可以先用母语写出。

例词：

(1) 饮食　美味　小吃　大菜　风味……

(2) 煎　炒　烹　炸　炖　　红烧　清蒸……

(3) 食堂　餐厅　饭馆　小吃店　美食城……

(4) 酸　甜　苦　辣　咸　淡　香　臭……

(5) 海鲜　蔬菜　素菜　荤菜　甜点……

(6) 饮料　啤酒　可乐　红茶　花茶　咖啡　果汁……

2. 说一说，尽量用上刚学会的词

(1) 五味之中你最喜欢什么味道？为什么？

(2) 在你的家乡，有什么具有地方特色的饮食习惯？那个习惯是怎么形成的？

(3) 你吃过中国菜吗？你最喜欢哪种风味？

(4) 说一说你吃过的一道中国菜的名字、它的原料以及特点(色香味)。

(5) 你最喜欢吃的是哪种菜(法式、意式、日本料理等)？你自己会做吗？

(6) 在你居住的城市，你最喜欢的餐厅是哪一家？那家餐厅有什么特色？

(7) 你们那里的人爱吃有臭味的东西吗？如果爱，是什么样的东西？

(8) 你们国家哪个地方的人有吃生东西(比如生鱼片)的习惯？如果有，他们吃什么样的生东西？

3. 写一写，尽量用上刚刚学会的词

(1) 饮食文化(比较不同的文化)

　　① 大众口味

　　② 烹调方式

　　③ 家庭中的饮食习惯

(2) 跟味觉有关的比喻(比较不同的文化)

　　① 酸　穷酸相，吃醋，醋坛子，酸掉牙了，酸溜溜……

　　② 甜　甜蜜的日子，甜美的生活，甜言蜜语，掉进蜜罐里了，甜丝丝……

　　③ 苦　吃苦，受苦，苦日子，艰苦的岁月，吃苦耐劳，苦尽甘来……

④ 辣　吃香喝辣,辣妹子,辛辣的讽刺……

⑤ 咸　厨师跺脚——严(盐)重了……

4. 语言活动

学做麻婆豆腐

主料:嫩豆腐 600 克,瘦肉末 60 克

调料:

(1) 辣椒粉少许,姜末 1/2 茶匙。

(2) 四川豆瓣酱 2 大匙,米酒 1/2 茶匙,蒜泥 1 茶匙,酱油 1 茶匙。

(3) 白糖 1/2 茶匙,高汤一杯半。

(4) 花椒粉少许,葱花 2 根。

(5) 水淀粉水 1 大匙,麻油一茶匙半。

做法:

(1) 豆腐去掉老皮,切成 1 厘米见方小块。

(2) 锅烧热后注入油少许,先将肉末炒干水分,续入调味料(1) 炒至出味。

(3) 再将调味料(2) 加入,拌炒均匀后,放入豆腐与调味料(3) 烧开入味,再加入水淀粉水勾芡(gōuqiàn, thicken a soup by means of starch),并淋上麻油就可以了。

四. 阅读·会话·听力

阅读

三道茶

　　三道茶,意思就是喝三次茶。传说,三道茶是古代大理国王请客用的,已经有 1000 多年的历史了。

　　大理是个有名的古城,那儿的风景很优美。白族姑娘身穿漂亮的孔雀服,用白族的最高礼节,双手把第一道茶高举过头,献给客人。第一道茶是"苦茶",是把云南沱茶放进沙罐里,然后放在火上烤,等到茶叶变成微黄色、并带有清香的时候,才倒进适量的开水,只听"轰"地

一声，茶便泡好了。这道茶只倒大半杯，如果倒得太满，白族人就会认为是对客人不礼貌。

喝完苦茶，白族姑娘又献上第二道"甜茶"，第二道茶不用茶杯，而用茶碗，比第一道茶多。茶中放有糖、蜂蜜、核桃仁等，还加些别的东西，营养丰富，口味香甜。第三道茶叫"香茶"，是用桂皮、花椒、生姜煮成的，再加点儿蜂蜜，味道清淡而有点儿辣。

三道茶在白族人民的日常生活中非常流行，亲戚朋友来了，主人总要招待三道茶。对这三道茶，白族人有个说法。第一道茶苦，表示人生道路是艰苦的；第二道茶甜，是祝客人长寿健康、万事如意、事业甜蜜；第三道茶香，既是对客人表示祝福，又希望友谊天长地久。白族的三道茶里有着"先苦后甜"、"苦尽甜来"的人生哲理。

补充生词

1.	孔雀	N	kǒngquè	peacock
2.	礼节	N	lǐjié	courtesy; etiquette
3.	献	V	xiàn	to offer; to dedicate
4.	沱茶	N	tuóchá	a bowl-shaped compressed mass of tea leaves
5.	沙罐	N	shāguàn	earthen pot
6.	轰	Ono	hōng	boom
7.	礼貌	N	lǐmào	courtesy; politeness
8.	蜂蜜	N	fēngmì	honey
9.	核桃仁	N	hétáorén	walnut meat
10.	丰富	A	fēngfù	rich; abundant
11.	桂皮	N	guìpí	Chinese cinnamon; cassia bark
12.	姜	N	jiāng	ginger
13.	煮	V	zhǔ	to cook; to boil
14.	人生	N	rénshēng	life
15.	哲理	N	zhélǐ	philosophy
16.	大理	PN	Dàlǐ	Dali (city in Yunnan Province)
17.	白族	PN	Báizú	Bai ethnic group, mainly inhibitating Yunnan Province

阅读练习

1. 快速阅读一遍短文,并判断下列句子的对错

    (1) "三道茶"是现在大理国王请客用的。 （   ）

    (2) 大理地区生活着白族。 （   ）

    (3) 第一道"苦茶"应该满满地倒一杯给客人,表示礼貌。 （   ）

    (4) 喝苦茶表示希望人的一生不要有苦日子。 （   ）

    (5) 第二道是"香茶",不用茶杯用茶碗,茶中还放有蜂蜜、核桃
        仁等。 （   ）

    (6) 第三道茶喝起来很甜。 （   ）

    (7) 第三道茶既对客人表示祝福,又希望友谊天长地久。 （   ）

    (8) 白族三道茶寄寓着"先苦后甜"、"苦尽甜来"的人生哲理。 （   ）

2. 再阅读一遍短文,简单回答下面的问题

    (1) "三道茶"的意思是什么?

    (2) 大理在哪里? 是个什么样的地方?

    (3) "苦茶"要用什么方式献给客人?

    (4) 第二道茶跟第一道茶有什么不同?

    (5) 第三道茶是用什么煮成的?

    (6) 白族三道茶都代表什么样的含意?

会话

水果之王的味道

陆:大家都在啊。你们看看,我带什么来了?

宋:什么好东西,我们看看。

陆:(拿出一个榴莲) 认识吗?

宋:我的妈呀,这不是炸弹吗?

马:怎么是炸弹呢,这是一种瓜吧? 我还真没见过。

林：就算是瓜，长得也够奇怪的。

陆：你们都不认识吧？这是榴莲，一种水果，人们称它为水果之王。

林：什么味儿？

宋：是啊，怎么有股臭味儿？雨平，你是不是还带臭豆腐了？

陆：哈哈，这是榴莲的味儿。

马：什么？水果还有这味儿的？

陆：不信你闻闻。

马：(闻榴莲) 还真是它的味儿。这玩艺儿能吃？

陆：拿把刀来。（切开榴莲）看，这个雪白的是果肉，可以吃，而且越吃越有味儿，先是甜味儿，然后慢慢地出来一种淡淡的香味儿。大家来尝尝吧。

马：那我就尝尝吧。嗯，是有点儿甜，味道很特别。

丁、宋、林：真的？那我们也尝尝。嗯，还行。

陆：怎么样？不骗你们吧？

马：你说，这种水果多有意思，样子奇怪，又有臭味，可是吃起来味道还真不错。

补充生词

1. 我的妈呀		wǒ de mā ya	Oh, my god!
2. 榴莲	N	liúlián	durian
3. 炸弹	N	zhàdàn	bomb
4. 就算	Conj	jiùsuàn	even if
5. 股	M	gǔ	measure word for gas, smell, strength, etc.
6. 玩艺	N	wányì	thing
7. 恶心	A	ěxin	to feel nauseated; to be nauseating; disgusting
8. 嗯	Int	ǹg	hum (to show consent)

会话练习

1. 分角色朗读。

2. 讨论：应该让什么水果当"水果之王"？

听力

酒吧文化

补充生词

1. 酒吧	N	jiǔbā	bar（room）
2. 进入	V	jìnrù	to enter; to come into
3. 营业时间		yíngyè shíjiān	business hours
营业	V	yíngyè	to do business
4. 顾客	N	gùkè	customer; shopper; client
5. 泡	V	pào	to hang about; to dally
6. 其次	Pr	qícì	next; secondly; then
7. 目的	N	mùdì	purpose; aim; objective
8. 销售	V	xiāoshòu	to sell

听力练习

1. 听录音并根据录音内容判断下列句子的对错

    (1) 中国的酒吧和欧美的酒吧一样。   (   )

    (2) 欧美的酒吧都是很早就开门而且营业一个晚上。 (   )

    (3) 中国的酒吧一般到晚上才开始营业。   (   )

    (4) 中国酒吧的啤酒卖得比较少。   (   )

    (5) 中国人泡吧主要是为了认识新朋友。   (   )

    (6) 中国人去酒吧常常是为了喝个痛快。   (   )

2. 边听录音边填空

　　"酒吧"进入中国_____，_____中国传统文化特色的酒吧文化。它_____欧美酒吧文化大不一样，_____是营业时间。欧美的酒吧一般是下午开始营业，许多顾客一下班_____来到酒吧，喝_____一杯啤酒，吃_____东西，常常_____泡就是一个晚上，认识许多的朋友。_____中国酒吧的顾客常常是吃完晚饭才来，_____中国的酒吧一般晚上_____开始营业。_____是酒的销售量，也许是_____中国酒文化的_____，中国酒吧啤酒的销售量一般_____外国酒吧多。_____就是泡吧的目的。欧美人泡酒吧是为了享受跟酒友们认识、聊天的快乐。走出酒吧以后，也许他们_____不来往。_____中国人_____不一样，泡酒吧一般是几个老朋友在一起，_____喝_____聊，不喝个够不回家。

3. 听录音后回答下列问题
　　(1) 中国的酒吧受到什么文化的影响？
　　(2) 中国的酒吧和欧美的酒吧营业时间有什么不同？
　　(3) 在中国的酒吧里，什么酒的销量比欧美的酒吧多？
　　(4) 中国人和欧美人去泡吧的目的有什么不同？

让我迷恋的北京城

一. 课 文

　　现在的北京跟我几年前所熟悉的大不一样了。从城市的建筑、街道、车辆到人们的生活水平、生活节奏，到处都透出一个"变"字。

　　您看，北京的街道不是变得又宽又美了吗？仅仅几年不见，北京就出现了那么多新街道、新建筑、新立交桥。环形的西直门桥竟然不见了，取代它的是一座高大、宽阔的新立交桥。西单、王府井这两个中外闻名的老商业区，也换上了豪华的新装展现于世人的面前。还有许多刚修的街道，有的甚至连老北京人都叫不上名儿。

　　记得以前我在北京语言学院读书的时候，每次进城几乎都免不了要受"皮肉之苦"，因为我惟一的选择是挤375路公共汽车。我先得用双手紧紧抓住车门上的把手，然后再用力往上挤，有时都快被挤成"肉饼"了。可前几天回一趟"娘家"——北京语言大学，去看看老师和朋友，发现学校门口有各种各样的公共汽车：726路、307路、826路、951路……想上哪儿就上哪儿，太方便了！

　　北京市场上的商品也比以前多得多了，大商场、超市、专卖店里的商品琳琅满目，吃的、穿的、用的应有尽有，需要什么只要您在某某"商城"里走一圈儿就可以解决了。从这些大大小小的商场，从马路边儿五颜六色的广告牌、霓虹灯就可以看出北京城的繁华景象。

北京人的生活水平也提高了不少。这回我到了几个朋友家里，几乎家家都住上了新买的房子，装了空调，换了大彩电，有人还准备出国旅行呢。看到这些，我真是有点儿眼红！

虽然生活水平提高了，可北京人还是那样热情好客，这也许是北方人性格豪爽、开朗的体现吧！就拿我这次到北京来说吧，我拉着大箱提着小包，一出首都机场大厅就坐上了出租车。司机师傅知道我是留学生，就跟我聊上了，用北京人的话来说，是"山南海北地乱侃"。他以为我是第一次来北京，所以就主动给我介绍北京城。他的话里透着北京人的热情，先聊中轴路上的鼓楼，再侃景山上的老槐树。然后是世界闻名的故宫博物馆，一直谈到北京的小吃，比如豆汁。他还很幽默地跟我说："很多外地人觉得豆汁儿一点儿也不好喝，有种怪味儿，可是我们老北京人就好这一口儿。"

北京人还很爱热闹。有一天，我刚从地铁站走出来，就看见路边儿聚集着许多人，其中还有不少老年人，正在认真地跳交际舞。看到他们脸上的笑容，你就知道他们是多么地开心。还有，在立交桥的下面也聚集着一堆一堆的人，有的蹲着，有的坐着，都瞪着眼看着地下。走近一看，原来他们是在下棋呢。大伙儿你一言我一语，有的还大声地争了起来。别看他们在争，其实他们差不多都是天天见面的老朋友。直到夜深了他们才拿着小板凳无可奈何地往家走，走之前还留下一句："明儿见啊。"

这就是让我迷恋的北京城。

（原文作者：阮福禄，本文稍有删改。）

生词

1. 迷恋	V	míliàn	be infatuated with; madly cling to
2. 所	Pt	suǒ	*particle used before a verb to form a NP*
3. 建筑	N/V	jiànzhù	architecture; building; to build; to construct
4. 街道	N	jiēdào	street
5. 车辆	N	chēliàng	vehicle
6. 节奏	N	jiézòu	rhythm; tempo
7. 透	V	tòu	to show; to appear
8. 到处	Adv	dàochù	at every places; everywhere
9. 仅仅	Adv	jǐnjǐn	barely; merely
10. 环形	N	huánxíng	annular; ring-like
11. 不见	V	bújiàn	to disappear
12. 取代	V	qǔdài	to replace; to supersede
13. 高大	A	gāodà	tall and big
14. 宽阔	A	kuānkuò	broad; wide
宽	A	kuān	wide
15. 闻名	A	wénmíng	famous
16. 豪华	A	háohuá	luxurious; splendid
17. 新装	N	xīnzhuāng	new clothes; new look

18. 展现	V	zhǎnxiàn	to display; to reveal; to present
19. 世人	N	shìrén	common people
20. 面前	N	miànqián	in front of; in the face of; before
21. 修(建)	V	xiū(jiàn)	to build; to repair
22. 甚至	Adv	shènzhì	even to the extent that; (go) as far as to
23. 免不了		miǎnbuliǎo	be unavoidable; be bound to be
免	V	miǎn	to avoid; be excused from
24. 皮肉	N	píròu	skin and flesh; body
25. 挤	V	jǐ	to squeeze; to jostle; to crowd
26. 用力	V	yònglì	exert oneself; use one's strength
27. 娘家	N	niángjia	parents' home of a married woman
28. 各种各样		gèzhǒng gèyàng	all kinds of
29. 专卖店	N	zhuānmàidiàn	exclusive agency
30. 琳琅满目		línláng mǎnmù	superb collection of beautiful things; feast for the eyes
31. 应有尽有		yīng yǒu jìn yǒu	have everything that one expects to find
32. 商城	N	shāngchéng	market
33. 圈	N	quān	circle
34. 马路	N	mǎlù	street
35. 五颜六色		wǔ yán liù sè	of all colors; colorful
36. 广告牌	N	guǎnggàopái	billboard
37. 霓虹灯	N	níhóngdēng	neon light
38. 繁华	A	fánhuá	flourishing; prosperous

39. 景象	N	jǐngxiàng	scene; sight
40. 空调	N	kōngtiáo	air-conditioner
41. 眼红	V	yǎnhóng	be envious; be jealous
42. 好客	A	hàokè	to be hospitable; to keep an open house
43. 豪爽	A	háoshuǎng	bold and uninhibited
44. 开朗	A	kāilǎng	sanguine; optimistic; cheerful
45. 体现	N/V	tǐxiàn	embodiment; to embody; to incarnate
46. 山南海北		shān nán hǎi běi	chat aimlessly
☆47. 中轴路	N	zhōngzhóulù	axis of transportation
轴	N	zhóu	axis
48. 侃	V	kǎn	to chat idly
49. 主动	A	zhǔdòng	initiative
50. 槐树	N	huáishù	Chinese scholartree
51. 小吃	N	xiǎochī	snacks; refreshments
☆52. 豆汁	N	dòuzhī	fermented drink made from ground mung beans
53. 幽默	N/A	yōumò	humor; humorous
54. 聚集	V	jùjí	to gather; to assemble; to collect
55. 交际舞	N	jiāojìwǔ	ballroom dance
交际	N/V	jiāojì	communication; social intercourse
56. 笑容	N	xiàoróng	smiling expression; smile
57. 开心	A	kāixīn	happy; joyous
58. 堆	M	duī	heap; pile; crowd

59. 蹲	V	dūn	to squat on the heels
60. 大伙	N	dàhuǒ	everybody; we all
61. 争	V	zhēng	to contend; to vie; to strive
62. 板凳	N	bǎndèng	wooden stool
63. 无可奈何		wú kě nàihé	to have no alternative; to have no other way
☆64. 西直门	PN	Xīzhímén	Xizhimen (name of a place in Beijing)
☆65. 西单	PN	Xīdān	Xidan (name of a place in Beijing)
☆66. 鼓楼	PN	Gǔlóu	Drum-tower (name of a place in Beijing)
☆67. 景山	PN	Jǐngshān	Coal Hill (name of a park in Beijing)

二. 语　法

（一）短语组合

1. 熟悉　[~宾]　~国情　　~环境　　~风俗习惯
　　　　　[状~]　迅速~　　原来~　　完全地~　　非常~
　　　　　[~补]　~一下　　~得快　　~极了
　　　　　[~中]　~的声音　~的名字　~的地方

2. 选择　[~宾]　~朋友　　~字词　　~专业
　　　　　[状~]　主动~　　重新~　　只好~　　勉强地~
　　　　　[~补]　~很久　　~得很正确　~出

3. 方便 [状~]　　　真的~　　　　　比较~　　　　　绝对~
　　　　[~补]　　　~得很　　　　　~多了　　　　　~起来
　　　　[~中]　　　~面　　　　　　~的超市　　　　~的交通

4. 解决 [~宾]　　　~问题　　　　　~矛盾　　　　　~困难
　　　　[状~]　　　真正~　　　　　很难~　　　　　成功地~
　　　　[~补]　　　~(过)一次　　　~好　　　　　　~掉

5. 体现 [~宾]　　　~特点　　　　　~精神　　　　　~风格
　　　　[状~]　　　努力~　　　　　真正~　　　　　部分地~
　　　　[~补]　　　~的很好　　　　~不了　　　　　~得不够

6. 热情 [状~]　　　实在~　　　　　真是~　　　　　对朋友~
　　　　[~补]　　　~得很　　　　　~极了　　　　　~得受不了
　　　　[~中]　　　~的读者　　　　~的朋友　　　　~的话

7. 热闹 [状~]　　　特别地~　　　　实在~　　　　　更~
　　　　[~补]　　　~得不得了　　　~极了　　　　　~得多
　　　　[~中]　　　~的市场　　　　~的聚会　　　　~的舞厅

8. 挤　　[~宾]　　　~车　　　　　　~时间　　　　　~牛奶
　　　　[状~]　　　用力~　　　　　拼命~　　　　　一起~
　　　　[~补]　　　~得不得了　　　~得很厉害　　　~破了衣服

（二）词语例解

1. 几年前所熟悉的

助词"所"放在及物动词之前,使"所+V"成为名词性短语。多用于书面语。例如:

(1) 现在的北京跟我几年前所熟悉的可大不一样了。

(2) 据我所知,他今天是不会来了。

(3) 我所了解的情况都告诉你了。

2. 到处都透出一个"变"字

副词"到处"是"任何地方(都)"的意思,前边常有表示所指动作或状态的范围的词语,"到处"表示这个范围的全部。例如:

（1）床上床下到处都是她的衣服。

（2）屋里屋外到处都打扫得干干净净。

（3）书房到处都摆满了各种各样的书。

3. 仅仅几年不见

副词"仅仅"或"仅"，用于限定范围。例如：

（1）仅仅几年不见，北京就出现了那么多新街道、新建筑、新立交桥。

（2）这座立交桥仅仅用了两个月时间就建成了。

（3）他来北京以后仅游览过一次长城，别的名胜古迹还没有参观过。

"仅仅"与"仅"的用法基本一样。不过"仅仅"更口语化。强调限定的语气更重些。而"仅"多用于书面语。

4. 豪华的新装展现于世人面前

介词"于"用在动词后，"V+于"可以表示很多意思：

A. 表示"向、对"的意思。

（1）豪华的新装展现于世人面前。（豪华的新装向世人展现。）

（2）他不习惯于这种生活。（他对这种生活不习惯。）

B. 表示"在"的意思。

（3）他生于1930年，死于2003年。

（4）这个工厂原来建于上海郊区。

C. 表示"自、从、"的意思。

（5）大笑出于内心的快乐。（大笑来自内心的快乐。）

（6）马大为毕业于商学院。（马大为从商学院毕业。）

5. 有的甚至连老北京人都叫不上名儿

副词"甚至"，强调突出事例，后面常与"连"或"都、也"连用。例如：

（1）还有许多刚修的街道，有的甚至连老北京人都叫不上名儿。

（2）《母爱》这篇课文他念得很熟，有些好句子甚至都背下来了。

（3）他每天都爬山，甚至下雨天也坚持这样做。

6. 有时都快被挤成了"肉饼"了。

"有时"口语常说"有时候"。

(1) 这里的天气变化很大,有时热,有时冷。

(2) 星期六,我有时候去图书馆看书,有时候去看电影。

(3) 这个工作压力太大,我有时候真不想干了。

7. 发现学校门口有各种各样的公共汽车

"各种各样"是各种不同种类、式样的意思。"各…各…"格式也常用来表示事物的不同,或强调每种事物都不例外。例如:

(1) 她有各式各样的衣服。

(2) 各家各户都要注意保护环境。

8. 商品比以前多得多

我们已经介绍过,"A+得多"表示程度深。"多得多"是从"多"的方面进行比较,表明一个事物比另一个事物多很多。例如:

(1) 现在每课书的生词比以前多得多。

(2) 他的资料比我的多得多。

(3) 现在学习的机会比过去多得多。

(三)句子结构

一+V,……

"一"和某些动词连用时,强调这个动作非常短促,常出现在复句的第一分句里,而第二分句一般是说明经过这一短暂动作所产生的某种结果或发现一些新的情况。例如:

(1) 你这么一说,我就完全明白了。

(2) 他到医院一检查,果然是重感冒。

(3) 我走近一看,原来他们是在下棋呢。

(4) 他进门一问,原来他朋友早就搬家了。

(四)复句与句群:一般承接关系

1. 承接复句

承接复句表示事物之间先后相继的关系。常用的关联词有:"先 p,接着 q"、"p,然后 q"、"先 p,再 q"等;"就/便/又/于是/才"等有时也用来表示承接关系。例如:

（1）我先是惊喜，接着又感到很不安。

（2）先得用双手紧紧抓住车门上的把手，然后再使劲往上挤。

（3）你先喝口水，再慢慢说。

（4）他看看四周没人，才把那包东西拿出来。

（5）我刚从地铁站走出来，就看见路边儿围着许多人。

（6）他把那本书拿起来翻了翻，又放回了书架。

（7）我和母亲也有些难过，于是又提起小妹来。

承接复句有时是没有标志的，但是我们可以看出，各分句所描写的事件是按时间先后排列的。例如：

（8）李老师站起来，轻轻地拉开门，走了出去。

（9）小张回到宿舍里，叫醒正在熟睡的小李。

（10）环形的西直门桥竟然不见了，取代它的是一座高大宽阔的新桥。

2. 表示承接关系的紧缩句

承接复句也有紧缩形式，有标志的常用"先……后……"作关联词。"一……就……"也可用于表示承接，常表示两个动作接得比较紧。例如：

（1）我可是先小人后君子。

（2）饭馆里是先吃饭后埋单。

（3）他一下课就回家了。

（4）司机师傅知道我是留学生就跟我聊上了。

有的承接紧缩句没有标志性的关联词，例如：

（5）他这是过河拆桥。

（6）他怎么看人下菜？

3. 承接句群

承接句群常用的关联词语有："就、又、便、于是、接着、紧接着、紧跟着、然后、下面"，"上面……下面……"，"首先……其次……最后……"，"先说……再说……"等。时间词语、处所词语也可用于组合承接句群。例如：

（1）先聊中轴路上的鼓楼，再侃景山上的老槐树。然后是世界闻名的故宫博物馆，一直谈到北京的小吃。

（2）有一天，我刚从地铁站走出来，就看见路边儿聚集着许多人，其中还有不少老年人，正在认真地跳交际舞。看到他们脸上的笑容，你就知道他们是多么地开心。还有，在立交桥的下面也围着一堆一堆的人，有的蹲着，有的坐着，都瞪着眼看着地下。走近一看,原来他们是在下棋呢。

(3) 十点,穿过了巫峡。十点零五分进入湖北境内。十点半到牛口,这时浪很大,船
开得很慢。

三. 练 习

(一) 给下列汉字注上拼音并组成词或短语

筑　　　奏　　　阔　　　琅

霓　　　爽　　　侃　　　幽

(二) 选词填空

　　我一直住在这个地区,对周围的一切都很_____,我的住处附近有
银行,有邮局,还有很大的超市,一切都很_____。邻居们都是普通老百
姓,还有很多是"老北京",他们人都很好,对我也很_____,无论我遇到
什么问题,他们都主动帮我_____,跟他们住在一起我觉得很_____。晚
上,大家睡得很早,到处都安安静静的。我这人_____比较好静,不大
喜欢王府井那样_____的地方, 所以, 住在这里也许真是一个最好的
_____ 了。

　　(方便　热情　选择　开心　熟悉　解决　性格　热闹)

(三) 根据事件的先后顺序,用恰当的关联词语完成对话

1. A:在颐和园,他们游览了哪些地方?

　 B:他们_____游览了长廊,_____乘船游览了昆明湖。

2. A:我现在就给你们讲一讲事情的经过,怎么样?

　 B:别着急,你_____喝点水,_____慢慢告诉我们事情的经过。

3. A：他是怎样上车的？

   B：他走到车前，＿＿＿向四周看了看，＿＿＿拉开车门坐进去。

4. A：她出机场后，等到出租车了吗？

   B：在北京首都机场出租车很多，她＿＿＿走出大门＿＿＿开来一辆空车。

5. A：用便宜的磁卡打国际长途方便吗？

   B：要用便宜的磁卡打国际长途，＿＿＿得拨一长串号码，＿＿＿才能拨电话号码。我觉得很不方便。

6. A：人们还记得他吗？

   B：很久很久没有再见到他，＿＿＿大家慢慢地就把他忘了。

7. A：她买了那件大衣没有？

   B：没有。她把那件漂亮的大衣拿下来试了试，＿＿＿放回了架子上。

（四）根据课文内容判断下列句子的对错

1. 现在的北京跟"我"熟悉的那个完全一样。　　　　　　（　　）
2. 商场、超市里的商品可以说是应有尽有。　　　　　　（　　）
3. 西单、王府井是两个中外闻名的新建的商业区。　　　（　　）
4. 北京人热情好客的性格没有改变。　　　　　　　　　（　　）
5. 北京有名的小吃豆汁，很多外地人都觉得不太好喝。　（　　）
6. 北京人在路边跳舞是因为家里地方太小。　　　　　　（　　）

（五）根据课文内容回答下列问题

1. "我"为什么那么熟悉北京？
2. 北京的街道这几年有什么变化？请举例说明。
3. 北京的商品市场跟以前比有什么变化？
4. 随着生活水平的提高，北京人的性格发生变化了吗？请举例说明。

（六）复句练习

1. 将左右两部分连起来,组成一个完整的承接复句,并把左边的序号填在右边的括号里

(1) 他刚从地铁车站里走出来　　　　（　）下面的乘客再上

(2) 先让车上的乘客下来　　　　　　（　）一下子就喝干了

(3) 文章后面那位著名作家的名字　　（　）就听到马路边有唱
　　竟然不见了　　　　　　　　　　　京剧的声音

(4) 大家举起杯　　　　　　　　　　（　）然后借了几本书

(5) 她在图书馆先办了一张借书证　　（　）接着就紧紧地拥抱
　　　　　　　　　　　　　　　　　　在一起

(6) 他们俩先是一惊　　　　　　　　（　）取代它的是一个陌
　　　　　　　　　　　　　　　　　　生的名字

2. 将下列词语和分句按照事件的时间顺序,改成承接复句

例：走出了家门　站起来　拿着书包　他 → 他站起来,拿着书包,走出了家门。

(1) 她　走进房间　脱下外衣　打开门

(2) 老师　看了看全班同学　走进教室　开始点名

(3) 他　叫醒同屋阿里　两个人一起去吃早饭　回到宿舍　锻炼完身体

(4) 小吴　在灯下慢慢看起来　才把那封信拿出来　看了看宿舍里没有人

(5) 快坐下　再慢慢说　来　先喝口水

（七）综合运用练习

1. 写出你知道的跟"交通"有关的所有词汇。对于现在还不会而想学习的词,可以先用母语写出。

例词：

(1) 城市　街道　马路　道路……

(2) 交通　车辆　车流　私车　电车　地铁　公共汽车　出租车
　　大卡车　摩托车　自行车……

(3) 畅通　堵塞　拥挤……

(4) 司机　交警　乘客　售票员……

(5) 管理　指挥　调度　红灯　绿灯　闯红灯　罚款……

2. 说一说，尽量用上刚刚学会的词

　　(1) 在你居住的城市，这几年有些什么大的变化？请举例说明。

　　(2) 在你出生的地方，人们经常使用的交通工具是什么？

　　(3) 在你们那里，有些什么著名的商业区吗？它们的特色是什么？

　　(4) 商场、超市、专卖店、地摊 (stall)，你最常逛的是哪一种？为什么？

　　(5) 你到国外旅行过吗？如果去过，都去过哪些地方？哪个国家给你留下的印象最深？如果还没有去过，你最想去的是哪个国家？

　　(6) 你们那里的人经常出国旅行吗？大家最常去的国家是哪些？一般都是什么时候去？

3. 写一写，尽量用上刚刚学会的词

　　(1) 城市建设(比较不同文化)
　　　　① 现在的情况
　　　　② 城市建设情况
　　　　③ 未来规划

　　(2) 城市交通(比较不同文化)
　　　　① 现在的交通情况
　　　　② 交通方面存在的问题
　　　　③ 造成这些交通问题的原因
　　　　④ 解决交通问题的办法

四. 阅读·会话·听力

阅读

上海外滩

　　外滩，百余年来，一直作为上海的象征出现在世人面前。它是上海人心目中的骄傲，它向世人充分展示了上海的文化。近年来，新建的雕塑群，观光隧道和"情人墙"等建筑，又给世界闻名的外滩增添了时代的新装。

外滩的江面、长堤、绿化带及雄伟的建筑群所构成的街景，是最具有特征的上海景观。早晨，外滩是人们的健身场所；白天，它是繁华热闹的游览胜地；晚上，又是情人们的恋爱天地。

在这里散步，近看是黄浦江的景色，远望是对岸浦东地区的新貌，感受着大都市绿树、花坛、园林的风味，享受着城市少有的清新的空气和温暖的阳光。

城市的美应由三个组成部分：建筑、雕塑和绿化。而城市雕塑又被称为"城市的眼睛"，是美化城市的重要部分。外滩城市雕塑群由"浦江之光"、"帆"、"风"三座不锈钢雕塑组成，成为外滩绿色长廊的三颗明珠。

外滩的观光隧道，是中国第一条穿过大江的行人隧道，全长646.70米，2000年底完工。隧道内采用九十年代国际先进技术。整个过江时间约需2.5~5分钟。隧道还运用现代高科技手段，演示人物、历史、文化、科技、风景等各种图像，并配有背景音乐，让人们在过江过程中欣赏，给游客留下美好的记忆。

"情人墙"建在黄浦江边，全长约1700米。观光台的地面是彩色的，有32个半圆形的观景阳台，还有很多方灯、花坛、方亭、六角亭和绿化带，供游人休息并欣赏黄浦江两岸的美景。

人们常说，没到过外滩，就是没到过上海。今天，到了新外滩，你就能感受到上海发生的巨大变化。

补充生词

1. 象征	V/N	xiàngzhēng	to symbolize; symbol
2. 骄傲	A	jiāo'ào	be proud; to take pride in
3. 堤	N	dī	dyke
4. 雕塑	N	diāosù	sculpture

5. 观光	V	guānguāng	to go sightseeing; to tour
6. 隧道	N	suìdào	tunnel
7. 帆	N	fān	sail
8. 不锈钢	N	búxiùgāng	stainless steel
9. 明珠	N	míngzhū	bright pearl; jewel
10. 演示	V	yǎnshì	to demonstrate
11. 外滩	PN	Wàitān	The Bund (name of a place in Shanghai)
12. 浦东	PN	Pǔdōng	Pudong(name of a place in Shanghai)
13. 黄浦江	PN	Huángpǔ Jiāng	the Huangpu River

阅读练习

1. 快速阅读一遍短文内容,判断下列句子的对错

(1) 外滩是上海新建的一个旅游观光的地方。 （ ）

(2) 外滩能充分展示上海的文化。 （ ）

(3) 早晨人们常到外滩来锻炼身体,晚上恋爱中的人们常常在
这里相会。 （ ）

(4) 外滩很少有清新的空气和温暖的阳光。 （ ）

(5) 因为雕塑是美化城市的重要部分,所以城市雕塑又被称为
"城市的眼睛"。 （ ）

(6) 外滩的观光隧道建成以前,中国别的城市已经有了很多穿
过大江的行人隧道。 （ ）

(7) 人们在上海的观光隧道里,还可以欣赏各种图像和背景音乐。
（ ）

(8) "情人墙"上边有很多观景阳台,让人们看外滩的美景。 （ ）

2. 再阅读一遍短文内容,简单回答下面的问题
    (1) 外滩最具有上海特征的景观是什么?
    (2) 人们为什么常到外滩散步?
    (3) 为什么说近年来外滩又增添了时代的新装?

会话

劝酒太热情

马:中国的酒文化,厉害呀!

陆:你怎么会有这样的看法呢?

马:我刚看完一篇叫《劝酒》的文章。

陆:有什么感想?

马:跟中国人喝酒,我是有亲身体验的。所以我说中国的酒文化厉害。

陆:说这是文化,也算是吧;应该说这种文化里面也的确有些不好的东西。譬如说,有的人劝酒太热情,让对方受不了。

马:我觉得也是。上次跟钱经理一起喝酒,他们一杯又一杯地劝我,我能不喝醉吗?

陆:是啊!尽管喝酒是为了高兴,甚至也可以稍稍多喝一点,但不能喝得太多。他劝你喝,你可以不喝或少喝嘛。

马:那是你在这儿说,真到了酒桌上,你不想喝也得喝,不能喝也得喝,甚至就算是毒药,你也得把它喝下去。你说,我喝了钱经理的,不喝张经理的,行吗?人家祝你身体健康,祝你全家幸福,祝你万事如意,你能不喝吗?

陆:应该喝,但不要喝一杯,喝一点儿就行了。

马:我是这样想的,可是他们不答应,说什么"友情深,一口清,友情浅,喝一点儿。"你说我该怎么办。我只好一口把一杯酒喝完。

陆：难怪你喝醉了。

马：我觉得喝酒也应该有自由，自己喜欢喝什么就喝什么，能喝多少就喝多少。

陆：你说得对。酒这东西，喝多了跟喝毒药差不多，那不是享受，是玩命。

补充生词

1. 劝酒		quàn jiǔ	to urge sb. to drink (at a banquet)
2. 感想	N	gǎnxiǎng	impressions; reflections; thoughts
3. 亲身	Adv	qīnshēn	personal; firsthand
4. 体验	V	tǐyàn	to experience
5. 醉	V	zuì	to be drunk; to be tipsy
6. 毒药	N	dúyào	poison
7. 玩命		wán mìng	to risk one's life at full split

会话练习

1. 分角色朗读。

2. 讨论："劝酒"这种文化习惯好不好？

听力

挖一口自己的井

补充生词

1. 井	N	jǐng	well
2. 和尚	N	héshang	Buddhist monk

3. 挑	V	tiāo	to carry on the shoulder with a pole
4. 拜访	V	bàifǎng	to pay a visit
5. 打招呼		dǎ zhāohu	to greet sb.; to say hello

听力练习

1. 听录音并根据录音内容判断下列句子的对错

  (1) 南山和北山的和尚每天早上都要到同一口井里去挑水。 ( )

  (2) 他们差不多三年的时间天天见面打招呼。 ( )

  (3) 南山的和尚邀请北山的和尚去聊天,北山和尚虽然答应了,

    却没有去过。 ( )

  (4) 有一天,北山和尚生病了,南山的和尚去看望他。 ( )

  (5) 南山和尚没想到,北山和尚每天挑完水都要挖井。 ( )

  (6) 南山和尚觉得挑水吃并不麻烦,所以他不想自己挖井。 ( )

2. 边听录音边填空

  在南山和北山的庙里各住_____一位和尚。每天早上他们_____下山到同一条河里挑水,互相_____,说:"早啊,挑水来了。"_____有三年的时间,天天这样,_____,他们成了好朋友。南山的和尚_____北山的和尚说:"有空儿,来小庙坐坐。咱们_____聊聊。"

  "好的,_____,我一定去拜访您。"北山的和尚说。

  一天,南山和尚下山挑水没_____北山和尚,心想,他是不是病了?第二天、第三天他_____没见到北山和尚下山挑水,南山和尚心里_____着急了,不知北山和尚_____了什么事情?他决定_____北山_____看看老朋友。他爬_____北山,走_____小庙,看_____北山和尚正在扫地。他_____大声地问:"你怎么了?好几天没见你到_____挑水了,是不是病了?"

  "没病,我身体很好。"

  "没病?怎么不下山挑水?_____你这几天都没喝水吗?"

  北山和尚没有回答他的问题,拉_____他的手走_____一_____井的旁边,说:"三年了,我每天挑_____水,就要挖一会儿井,现在,井挖_____了,水也

有了。所以我_____下山挑水了。我可以干自己想干的事情了。"

看_____北山和尚这口井，南山和尚也想挖口_____自己的井。

我们在人生的道路____，是不是也该挖_____属于自己的"井"？挖一口_____的井？这口井该_____挖？得_____每个人自己来决定。

3. 听录音后回答下列问题

(1) 南山和北山上原来有没有井？

(2) 南山和北山和尚原来喝哪里的水？河水在山上吗？

(3) 有一天，南山和尚为什么着急了？

(4) 北山和尚为什么没下山去挑水？

(5) 什么是"一口属于自己的井"？

第五十五课

新素食主义来了

一. 课　文

　　人们常常将素食主义者理解为因宗教、民族的原因，或者因某种奇怪的习惯而不吃鸡、鸭、鱼、肉等动物性食品的人。但我们所说的"新素食主义者"，既不是信仰某种宗教，也不是扮"酷"，更不是吃腻了大鱼大肉。他们选择素食，为的是身体健康；他们选择素食，为的是在繁华、热闹的城市里保留一份自然的心情；他们选择素食，是为了保护他们生活的环境；他们选择素食，是要给人类以外的其他生命平等的权利。他们选择素食作为自己的一种生活方式，是基于他们对自己健康的重视以及对除人以外其他生命的更多的爱和尊重。

　　那么，"新素食主义者"离我们远吗？当我们看到写字楼里以素食为午餐的白领小姐，看到大学餐厅里只选素菜的大学生，看到素菜馆里来来往往的顾客……我们会感觉到，新素食主义真的来了。"新素食主义者"就在我们身边，尽管还只是少数，但毕竟不再让人觉得没法理解。也许在不久之后，素食将会成为更多人的个人选择。

　　新素食主义者向我们说明了三个理由：

一. 保卫环境

新素食主义者提出了"保卫环境"的理由，是因为他们认识到，人们的饮食习惯极大地影响着我们生存的环境。肉食产业的发展关系到大量资源的使用、大量的动物粪便的产生，对环境造成严重的污染。具体说来，对环境的影响是：

水污染：从饲养家畜、家禽的地方，排放出来的污水污染了水源。

空气污染：从动物粪便中排放出来的气体，不但污染了空气，而且还使全球气候变暖。

土壤侵蚀：全球大约40%的谷物，在美国超过70%的谷物，被用来饲养家畜和家禽。为了生产出一斤肉和蛋，土地就要失去五斤表层土壤。

水消耗：饲养牛羊所用的谷物及干草，估计有一半是长在需要灌溉的土地上的，为生产出一斤牛肉，需要消耗380升水。由于放养牛羊，美国西部大约有10%的土地已经变成了沙漠。

能源的消耗：与蔬菜比较，生产和运输家畜、家禽所消耗的能源要多十倍。

二. 给动物平等的权利

一部分新素食主义者说，他们之所以不吃肉和鱼，是因为他们不赞成杀害动物，也反对为了取得食物而饲养和杀害动物。这些动物权利保护主义者认为，素食体现了人对动物生存权利的尊重。全世界每年被杀害的动物数量是世界人口的7倍。在人类生活的每个地方，到处都在杀害动物。特别是现在工业化的饲养方式正取代传统的饲养方式，以满足人类对肉食的需要；这样，杀害的动物也就更多了。

三. 素食有利于健康

素食对现代人来说，最实际的是对健康的积极影响。根据调查，素食的民族一般都健康长寿。在这些民族中，有的人超过了110岁。但在肉食品消费量很大的国家，越来越多的病跟爱好肉食有关。

素食者认为，最健康的饮食方式是吃素食，或少吃肉类食品。为了自己的健康，还是坚持素食主义好。

(原文策划：王晓旭，本文稍有删改。)

生词

1. 素食	N	sùshí	vegetarian diet
2. 将	Adv/Prep	jiāng	would; to be going to; *preposition used to introduce the object before the verb*
3. 宗教	N	zōngjiào	religion
4. …性	N/Suf	…xìng	nature
5. 食品	N	shípǐn	food
6. 信仰	N	xìnyǎng	faith; belief
7. 扮酷		bàn kù	to play the part of a cool person
酷	A	kù	cool
8. 腻	A	nì	oily; be bored with
9. 保留	V	bǎoliú	to keep; to retain

10. 份	M	fèn	*measure word for certain abstract things*
11. 心情	N	xīnqíng	frame of mind; mood
12. 人类	N	rénlèi	mankind; humanity
13. 其他	A	qítā	else; other
14. 作为	V/Prep	zuòwéi	to regard as; to take for; as
15. 基于	V/Prep	jīyú	because of; in view of
16. 以及	Conj	yǐjí	along with; as well as
17. 写字楼	N	xiězìlóu	office building
18. 午餐	N	wǔcān	lunch
19. 白领	N	báilǐng	white-collar
20. 素菜	N	sùcài	vegetable dish
21. 少数	A	shǎoshù	few; minority
22. 毕竟	Adv	bìjìng	after all; all in all
23. 不久	Adv	bùjiǔ	soon; before long; not long after
24. 理由	N	lǐyóu	reason; ground; argument
25. 保卫	V	bǎowèi	to defend; to safeguard
26. 饮食	N	yǐnshí	food and drink; diet
27. 生存	V	shēngcún	to exist; to live
28. 肉食	N	ròushí	carnivorous; meat
29. 产业	N	chǎnyè	industry
30. 资源	N	zīyuán	resource; wealth
31. 使用	V	shǐyòng	to use
使	V	shǐ	to use

32. 粪便	N	fènbiàn	excrement and urine; night soil
33. 造成	V	zàochéng	to create; to cause
34. 严重	A	yánzhòng	serious; critical
35. 具体	A	jùtǐ	concrete; specific
36. 饲养	V	sìyǎng	to raise; to rear
37. 家畜	N	jiāchù	domestic animal; livestock
38. 家禽	N	jiāqín	domestic fowl; poultry
39. 排放	V	páifàng	to discharge; to release
40. 污水	N	wūshuǐ	foul (or polluted) water; sewage
41. 水源	N	shuǐyuán	source of a river; waterhead
42. 气体	N	qìtǐ	gas
43. 全球	N/A	quánqiú	whole world; global
44. 土壤	N	tǔrǎng	soil
45. 侵蚀	V	qīnshí	to corrade; to erode
46. 大约	Adv	dàyuē	approximately; about
47. 谷物	N	gǔwù	cereal; grain
48. 超过	V	chāoguò	to exceed; to surpass
49. 土地	N	tǔdì	land; soil
50. 表层	N	biǎocéng	surface layer
表	N	biǎo	surface
51. 消耗	V	xiāohào	to consume; to use up
52. 干草	N	gāncǎo	hay
53. 估计	V	gūjì	to estimate

54. 灌溉	V	guàngài	to irrigate
55. 升	M	shēng	litre
56. 放养	V	fàngyǎng	put (cattles, etc.) in a natural place to breed
57. 能源	N	néngyuán	energy resource
58. 运输	V	yùnshū	to transport
59. 杀害	V	shāhài	to murder; to kill
60. 取得	V	qǔdé	to get; to obtain
61. 数量	N	shùliàng	amount; quantity
62. 工业化	V	gōngyèhuà	to industrialize
工业	N	gōngyè	industry
63. 以	Conj	yǐ	in order to; so as to
64. 积极	A	jījí	positive; active
65. 满足	V	mǎnzú	to satisfy; to content
66. 消费	V	xiāofèi	to consume

二. 语 法

(一) 短语组合

1. 理解 [~宾] ~(这件)事　~(你的)心情　　　~母亲　　　~课文

　　　 [状~] 特别~　基本~　　　容易~　很难~　　不难~

　　　 [~补] ~得很　~得太慢　　~不了　~得很正确　~得很深

2. 保留 [~宾] ~传统　~书信　~自己的意见

　　　 [状~] 普遍~　长久~　大体~

[~补]	~好	~得很完整	~下来

3. 使用 [~宾]　　~资源　　　　~劳动力　　　　~机器

　　　　[状~]　　仅仅~　　　　经常~　　　　　乱~　　　　　到处~

　　　　[~补]　　~很多次　　　~得很正确　　　~多了

4. 造成 [~宾]　　~问题　　　　~结果　　　　　~影响

　　　　[状~]　　不断~　　　　甚至~　　　　　毕竟~　　　　对环境~

5. 消耗 [~宾]　　~体力　　　　~时间　　　　　~资源

　　　　[状~]　　极大地~　　　仅仅~　　　　　大量~

　　　　[~补]　　~得多　　　　~得很厉害　　　~完

　　　　[~中]　　~的数量　　　~的食品　　　　~的金钱

6. 满足 [~宾]　　~需要　　　　~希望　　　　　~条件

　　　　[状~]　　部分地~　　　努力~　　　　　基本上~

　　　　[~补]　　~得很　　　　~得了　　　　　~起来

7. 影响 [~宾]　　~生活　　　　~演出　　　　　~工作和学习　　~别人休息

　　　　[~补]　　~下去　　　　~不了　　　　　~得了　　　　　~得厉害

　　　　[状~]　　慢慢地~　　　不断地~

（二）词语例解

1. 是基于他们对自己健康的重视以及对除人以外其他生命的更多的爱和
   尊重。

　　动词"基于"有"根据"的意思，多用于书面语。构成的动宾短语，常做"是"的宾语，
或充当状语，不能单独作谓语。例如：

　　（1）他们选择素食，是基于对其他生命的爱和尊重。

　　（2）基于以上理由，我才表示同意。

　　（3）基于她的表现，大家选她做代表。

2. 对自己健康的重视以及对除人以外其他生命的更多的爱和尊重

   连词"以及"连接并列的词语,表示联合关系。多用于书面语。

   A. 由"以及"所连接的成分有主要和次要的分别("以及"前边的常是主要的)。
例如:

   (1) 书店有词典、课本以及画报。

   (2) 这个商店卖摩托车、自行车以及它们的各种零件。

   B. 所连接的成分有时间先后的分别("以及"前边的时间常常在先)。例如:

   (3) 明天什么时候去,以及怎么去都要告诉大家。

   C. 所连接的事物可分成两类。例如:

   (4) 他们选择素食,是基于他们对人类、以及除人以外其他生命的爱和尊重。

   (5) 他今天买了鸡、鸭、鱼、肉,以及不少蔬菜和水果。

3. 毕竟不再让人觉得没法理解

   副词"毕竟"表示追根究底所得到的结论。例如:

   (1) "新素食主义者"就在我们身边,尽管还只是少数,但毕竟不再让人觉得没法
       理解。

   (2) 这孩子做错了事,不要对他过分批评,他毕竟才只有12岁。

   (3) 中国女排跟世界上几个强队的比赛,每场都打得很艰苦,但毕竟最后她们
       赢了。

4. 将会成为更多人的个人选择

   副词"将"表示动作行为不久会发生的意思。多用于书面语。例如:

   (1) 素食将会成为更多人的个人选择。

   (2) 他将去上海旅游。

   介词"将"的用法跟介词"把"一样。多用于书面语。例如:

   (3) 人们习惯于将素食主义者理解为由于宗教的原因而不吃动物性食品的人。

   (4) 他将家里的情况打电话告诉了儿子。

5. 估计有一半是长在需要灌溉的土地上的

   动词"估计"用于表示推断,常带主谓短语做宾语。例如:

   (1) 饲养牛羊的谷物及干草,估计有一半是长在需要灌溉的土地上的。

   (2) 我估计他明天不会来。

   (3) 你估计估计,今天会不会下雨?

6. 大约有 10%的土地已经变成了沙漠

副词"大约"多用于对数量或可能性的估计。例如：

(1) 由于放养牛羊,美国西部大约有 10%的土地已经变成了沙漠。

(2) 农场大约有 1000 多条牛。

(3) 他们大约 8 点能到。

7. 以满足人类对肉食的需要

连词"以"用于后一分句的开头,表示目的。多用于书面语。例如：

(1) 工业化的饲养方式正取代传统的饲养方式,以满足人类对肉食的需要。

(2) 中国要努力发展经济,以提高人民的生活水平。

8. 还是坚持素食主义好

"还是+NP/VP/S-PP+好"表示经过比较,结论是这样更好。当"还是……好"中间的部分是动词短语或主谓短语时,"好"前边还可以加"的"。例如：

(1) 我看还是这种颜色好。
(2) 咱们还是一起去(的)好。
(3) 还是你给他打电话(的)好。

(三) 句子结构

1. 因……而……

"因……而……"表示由于某种原因而产生某种结果。用"因"引出原因,用连词"而"连接结果。多用于书面语。例如：

(1) 他们因发生意外的情况而改变了原来的计划。
(2) 这位年轻司机因抢救国家财产而受了重伤。

2. ……之所以……是因为……

"之所以"放在结果分句的主语后头,"是因为"放在表原因的分句开头。这样有强调原因的作用。例如：

(1) 他们之所以不吃肉和鱼,是因为他们不赞成杀害动物,也反对为了取得食物
    而饲养和杀害动物。

(2) 丁力波的考试成绩之所以这么好,是因为他平时学习很努力。

（四）复句与句群：目的关系

1. 目的复句

目的复句是一个分句说明动作行为,另一个分句说明该行为的目的。其常用的关联词语有"以"、"为的是"、"为"、"为了"等。

(1) 他们选择素食,为的是保护他们生活的环境。

(2) 少吃鸡鸭鱼肉,以减少脂肪。

(3) 为了增加产量,有的地方就出现了过度放养牛羊的情况,因而严重地破坏了草原。

(4) 他把生词写在卡片上,以加强记忆。

2. 表示目的关系的紧缩句

"为……而……"是目的复句的紧缩形式。

(1) 为实现现代化而工作。

(2) 为艺术而艺术。

(3) 为身体健康而素食。

3. 目的句群

目的句群的关联词语往往单个使用。常用的关联词语有："为此"、"为的是"等。问答形式的目的句群,经常配对使用关联词语,常用的有"为什么……为的是……"、"为的是什么……是为了……"等。例如:

(1) 让中国九亿农民都富裕起来,这是个非常艰巨的任务。为此,在发展经济中,中国政府把它作为最重要的问题来解决。

(2) 我们大家辛辛苦苦为的是什么？就是为了一个心愿:把生活的地方变成一座美丽的大花园。

(3) 不要多说了,她要去就让她去吧！我们不知她为的是什么？是为了参加比赛呢,还是为了别的？

三. 练 习

（一）给下列汉字注上拼音并组词

素　　　　　灌　　　　　酷　　　　　腻

嚣　　　　　饲　　　　　畜　　　　　禽

（二）选词填空

1. _____这种特殊情况，我们不得不推迟了出发的时间。

2. 他_____昨晚在学校里发生的事情打电话告诉了父母。

3. 素食主义者们坚决反对_____不健康的饮食习惯_____破坏生态环境。

4. 超市里有水果、蔬菜、肉类_____各种日用品。

5. 气温不正常_____环境污染_____。

6. 你_____一下，咱们这次旅行_____需要花多少钱？

7. 中国西北部要努力多种树，_____防止沙尘暴的产生。

8. _____那位老人的病情，医生只好_____她的胃切除了一部分，_____防止病情的恶化。

9. 那道题虽然用了50分钟的时间，但最后_____做出来了，小明心里高兴极了。

10. 那个国家_____有一千多万人口。

11. 看样子，明天_____会有一场大雨。

12. 听说他是_____锻炼身体_____开始学习打网球的。

13. 母亲_____是母亲，永远在为自己的儿女操心。

14. 我觉得_____让小刘负责这件工作_____。

15. 据我_____，那个公司老总是_____破产_____自杀的。

（以及 跟……有关 毕竟 基于 将 因……而…… 估计 还是……好 大约 为……而…… 以）

（三）用"之所以…是因为…"改写下面的句子

例：因为学习特别努力，所以小丽的学习成绩很好。→ 小丽的学习成绩之所以很好，是因为她学习特别努力。

1. 因为那家超市的东西物美价廉，所以顾客总是很多。

2. 由于图书馆关门时间太早，同学们都有意见。

3. 我父母都是素食主义者，因此我也开始吃素了。

4. 因为现在街上堵车堵得太厉害了，所以张老师每天都骑车上班。

5. 因为受到父亲的影响，李刚很小就读了鲁迅的作品。

6. 由于移动电话的话费降低了,所以很多大学生买了手机。

7. 那个住宅小区条件很好,而且离学校很近,所以留学生们都愿意在那儿租房住。

8. 因为那个孩子十分活泼、聪明,所以大家都喜欢他。

(四)根据课文内容判断下列句子的对错

1. "新素食主义者"选择素食,主要是由于宗教方面的原因。　　(　　)
2. 基于对人类以外其它动物的尊重和保护,他们选择素食作为自己的生活方式。　　　　　　　　　　　　　　(　　)
3. 肉食产业的发展虽然对空气没有污染,但严重污染了水和土壤。　　　　　　　　　　　　　　　　　　(　　)
4. 不久素食可能成为更多人的选择。　　　　　　　　(　　)
5. 工业化的饲养方式比传统的饲养方式更能减少对环境的污染。　　　　　　　　　　　　　　　　　　　(　　)

(五)根据课文内容回答下列问题

1. 现在的"素食主义者"与传统意义上的"吃素者"有什么不同?
2. "新素食主义者"离我们远吗? 请举例说明。
3. 肉食业的发展对环境是一种什么样的影响?
4. 素食对于现代人最实际的影响是什么?
5. 素食主义者认为最健康的饮食方式是什么?

(六)复句练习

1. 将左右两部分连起来,组成一个完整的目的复句,并把左边的序号填在右边的括号里

(1) 那些人选择了素食　　　　　　(　　) 是因为顾客对产品的质量不满意

(2) 他太胖了,应该少吃肉　　　　(　　) 全都是为了你啊

(3) 之所以工厂改变了设计方法　　(　　) 为的是保护我们的地球

(4) 我让你把电子邮箱地址告诉我　(　　) 那位作家每天都工作到很晚才睡觉

(5) 为了早日完成自己的著作   （   ）为的是经常跟你联系

(6) 你母亲这样做   （   ）以有利于健康

2. 完成下列目的复句

(1) 我父母每天晚饭后散步,为的是＿＿＿＿＿＿＿。

(2) 她弟弟每天骑车上学,为的是＿＿＿＿＿＿＿。

(3) 医生让她多吃水果,以＿＿＿＿＿＿＿＿＿。

(4) 为了＿＿＿＿＿＿,每天都要大声地朗读生词和课文。

(5) 为了＿＿＿＿＿,他每天都复习到深夜。

(6) 为了＿＿＿＿＿＿＿＿,我们必须保护环境。

(7) 今天是女儿的生日,为了＿＿＿＿＿＿,母亲让她今天一定要回家吃饭。

(8) 学校决定加强对困难学生的辅导,以＿＿＿＿＿＿。

（七）综合运用训练

1. 写出你知道的跟“动物保护与环境保护”有关的词汇。对于现在还不会而想学习的词,可先用母语写出。

例词:

(1) 环境   自然   动物   土壤   水源   空气   食物   饲料   添加剂   激素……

(2) 能源消耗   土壤沙化   过度放牧   营养过剩……

(3) 保护   权利   平等   污染   破坏   宰杀   喂养   发胖   减肥……

(4) 天然   绿色   污染   污浊   肮脏   荤   素   清淡   油腻……

(5) 素食者   肉食者   大鱼大肉   山珍海味   豆制品……

2. 说一说,尽量用上刚刚学会的词

(1) 你觉得素食怎么样? 为什么?

(2) 在你的周围,有没有人坚持素食?

(3) 你见到的"素食主义者"都是些什么样的人？

(4) 要是你的朋友或家人得了病,你会建议他们素食吗？说说你的理由。

(5) 你经常去吃肯德基、麦当劳一类的快餐吗？为什么？

(6) 你喜欢肉食吗？你会选择做素食主义者吗？为什么？

3. 写一写,尽量用上刚刚学会的词
   (1) 环境保护
      ① 环境现状
      ② 环保意识
      ③ 环保方式

   (2) 动物保护
      ① 动物生存现状
      ② 动物保护意识
      ③ 动物保护方式

4. 语言活动
   预测一下,50 年后地球将会怎样？

四.阅读·会话·听力

阅读

黑熊救命

初春的时候,从中国北方的一个小山村里,传出一件奇闻——黑熊救了老何的命。

那天,老何从外地回家,走了30 多里路,赶到冰封了一冬的河边。他想走近路从冰上过去时,突然听到身前身后传来冰面的断裂声,正要转身退回来,已经来不及了,一下子就掉进了冰河里。他两手迅速抓住了冰层的边沿，努力往上爬，可是冰却一块块地断裂，他也冻得失去了知觉……

就在这时，老何耳边好像听到"呜呜"的叫声，他感到他的身体正被人从水里往外拖。不过，他又一次晕了过去……

太阳快落山了，老何渐渐醒了过来，发觉自己正躺在河对岸的地上，却怎么也想不起来自己是如何从冰河里出来的。这时，他看到两只黑熊在前边不远处坐着，正看着他。那只头上有白毛的黑熊嘴里还不停地发出呜呜的叫声。

"啊，是小白！一定是小白母子俩救了我！"老何挣扎着坐起来，边招手边大声喊："小白！小白！"那只头长白毛的黑熊，竟然向他奔来……

三年前的一天，老何正在山上干活，突然听到从半山腰传来一阵呜呜的叫声，他拿起斧子好奇地走去。是一头两尺多长、脑门长着白毛的小熊，一条后腿被死死地夹在了石缝里。他还看到有头大黑熊正一步一回头，恋恋不舍地钻进大石头后面的树林里。小熊见人更加害怕，拼命叫着，往外拔腿……老何蹲下身，慢慢走到跟前，用斧子将夹住熊腿的石头打碎，小熊的腿拔出来了。可它走了几步，又疼得倒了下去。老何立刻抱起小熊回到他的小屋里，细心地给小熊的腿上药，并把伤口包扎好。小熊像懂事似的，慢慢地爬到了炕里边。在老何精心的治疗和护理下，不久，小熊的伤就好了，也能下地走动了。老何做饭，小熊不离他身前身后，上山干活，小熊也在后面紧跟着。老何真的喜欢上了这只小熊，给他起名叫"小白"。

一天晚上，小白的妈妈来了，坐在小院里痛苦地叫着。小白在屋里急得直打转。老何明白，母熊来接孩子了，他立刻推开房门，把小白送出门外。从此一连好几天都没看见小白，老何十分想它。

第五天晚上，正在熟睡的老何被"呜呜"的叫声惊醒。他忙去开门，借月光一看，是小白回来了。老何急忙拿出干粮喂它，小白吃饱了，跳上炕就在它从前睡的地方睡着了。从此小白成了老何住处常来常往的客人，每次来，老何都让小白吃得饱饱的。如果很长时间不见它来，老何就把饭放在外边喂小白母子俩，天长日久，老何与两头黑熊相处得十分地友好。

今天，老何做梦也没有想到，在他生命最危险的时刻，是小白母子俩救了他。

补充生词

1. 黑熊	N	hēixióng	black bear
2. 救命		jiù mìng	to save sb.'s life; Help!
3. 冰	N	bīng	ice
4. 封	V	fēng	to seal; to freeze
5. 断裂	V	duànliè	to break; to crack
6. 知觉	N	zhījué	consciousness
7. 呜呜	Ono	wūwū	*cry of animals*
8. 挣扎	V	zhēngzhá	to struggle
9. 斧子	N	fǔzi	axe
10. 缝	N	fèng	crack; chink
11. 恋恋不舍		liànliàn bù shě	to be reluctant to part with
12. 炕	N	kàng	*kang* (a heatable brick bed)
13. 危险	A/N	wēixiǎn	dangerous; danger

阅读练习

1. 快速阅读一遍短文,并判断下列句子的对错
   (1) 老何是从外地回家的路上,掉到河里的。　　　　　　（　　）
   (2) 老何抓住冰层的边沿努力从河里爬了上来。　　　　　（　　）
   (3) 老何记得自己是怎么从河里爬上来的。　　　　　　　（　　）
   (4) 小白是他的一位姓白的朋友。　　　　　　　　　　　（　　）
   (5) 三年以前老何曾经从石缝里救过一条小熊。　　　　　（　　）

(6) 小熊跟老何生活了一段时间。 （　　）

(7) 母熊来接小熊回家，老何不让小熊走。 （　　）

(8) 小熊常常回来看老何。 （　　）

2. 再阅读一遍短文内容，回答下列问题

(1) 初春的时候，在中国北方的一个山村发生了一件什么事情？

(2) 老何为什么掉进冰河里了？

(3) 老何是怎样从河里爬到岸上的？

(4) 黑熊为什么要救老何？

(5) 三年前老何是怎样救小黑熊的？

会话

为减肥而锻炼

马：陆雨平，你该减肥了。

陆：我正发愁呢，怎么减？

马：少吃鸡鸭鱼肉，以减少脂肪。

陆：我是肉食动物，不吃肉还行？

马：那就多运动，为的是把多余的热量消耗掉。

陆：这我还能接受。那我就从明天开始，为减肥而锻炼。

马：还有，旅行也是个好办法，我明天就要出发去旅行。

陆：去哪儿？

马：内蒙。

陆：去那么远的地方也是为了减肥？

马：当然不完全是为了减肥，一是去旅游，二呢，也为了去看一下草原
的环境。听说草原上有的地方都没有草了。

陆：这些年人们对肉食的需要越来越多，为了增加产量，有的地方就出
现了过度放养牛羊的情况，严重地破坏了草原。

马：这是很危险的啊。

陆：现在有的地方为了保护草原，改变了饲养方式，把牛羊放在饲养场里养。

马：这个办法不错。

陆：对了，草原上气候变化很大，你得多带点儿衣服，冷了好穿。

马：好的，我知道了。

补充生词

1. 减肥		jiǎn féi	to lose weight
2. 发愁	V	.fāchóu	to worry; to be anxious
3. 脂肪	N	zhīfáng	fat
4. 多余	A	duōyú	unnecessary; superfluous; surplus
5. 热量	N	rèliàng	quantity of heat
6. 掉	V	diào	used after certain verbs to indicate the consequence of an act
7. 过度	A	guòdù	excessive; over–

会话练习

1. 分角色朗读。

2. 讨论：怎样才能减肥？

听力

长寿岛上人长寿

补充生词

1. 长寿	A	chángshòu	long life; longevity

2. 寿命	N	shòumìng	life-span; life
3. 捕鱼		bǔ yú	to catch fish; to fish
4. 新鲜	A	xīnxiān	fresh
5. 大爷	N	dàye	uncle (a respectful form of address for an elderly man)
6. 和睦	A	hémù	concord; harmony
7. 心情	N	xīnqíng	frame of mind; mood
8. 湖北省	PN	Húběi Shěng	Hubei Province

听力练习

1. 听录音并根据录音内容判断下列句子的对错

(1) 长寿岛很小,只有两平方公里。 （　）

(2) 生活在岛上的居民,每200人中就有一个是老年人。 （　）

(3) 岛上的居民平均寿命是70多岁。 （　）

(4) 黄婆婆今年80多岁了,还能劳动。 （　）

(5) 岛上的人每天三餐都有新鲜的蔬菜,但很少吃猪肉。 （　）

(6) 岛上的人不喜欢捕鱼,都喜欢种菜。 （　）

(7) 岛上的人很多都是亲戚。 （　）

(8) 现在到长寿岛上旅游的人越来越多了。 （　）

2. 听录音后回答下列问题

(1) 长寿岛在什么地方? 这个岛有多大?

(2) 这个岛为什么被称为"长寿岛"?

(3) 请简单介绍一下黄婆婆的家庭情况。

(4) 长寿岛上的老人们平时都做些什么?

(5) 长寿岛上的人有什么样的饮食习惯?

(6) 长寿岛上的居民认为他们为什么能长寿?

世界"杂交水稻之父"袁隆平

一. 课 文

2000 年 2 月 19 日，中国政府将最高科学技术奖授予中国工程院院士袁隆平。他是世界"杂交水稻之父"，是一位"种"了一辈子水稻的"农民"科学家。他高高的个子，又瘦又黑。外国记者刚见到他时，都以为他是一个普通的农民。听到袁隆平用流利的英语介绍杂交水稻，他们才意识到，这就是他们要采访的"杂交水稻之父"。

尽管袁隆平已是闻名世界的科学家，但他一直认为自己是个农民。他说："我的工作要求我像农民一样地生活。"

袁隆平 1930 年出生于北京的一个知识分子家庭。父亲毕业于东南大学中文系，曾经当过小学校长。母亲也曾当过老师。所以，袁隆平从小就受到父母的影响。特别是母亲的教育，对他影响很大，母亲要求他多观察、多动脑筋，还要他认真地学习外语，这对他一生的事业都有很大的帮助。

袁隆平小的时候，非常好动，好奇心也很强。他母亲喜欢种花，房前的小花园都种满了花草。袁隆平常帮助母亲干些养花种草的活儿，他觉得很有意思。

有一次，学校组织学生们去参观植物园，满园的花草，满树的果实，深深地吸引了袁隆平。这一美好印象一直保留在他的记忆里，甚至影响到他对专业的选择。后来他考上了西南农学院，学习作物遗传育种专业。1953年毕业后，他被分配到湖南安江农校当老师。尽管平时工作十分忙，除了教学以外，他还是利用业余时间做了不少研究工作。虽然当时资料很少，但他从能得到的英文杂志上了解到了遗传学说的新成果。他最早开始研究水稻和遗传是在六十年代。他的梦想是，"要是我们种的水稻穗子像扫帚那么长，颗粒像花生那么大，那该多好啊。"当然，他清楚地知道，哪怕只让水稻增产一成，那也是非常困难的。但他下定了决心，再困难也要攻下这个难关。

袁隆平曾对采访者说过，六十年代初，他发现了一棵长得非常粗壮的水稻秧苗，但当时他并不知道这是一棵野生杂交水稻。第二年，他种下了这些种子。可是，再也没有一棵秧苗长得像去年的那棵水稻一样粗壮。为什么会这样呢？纯种水稻是不会产生分化的，由此，袁隆平意识到自己去年发现的那棵秧苗很可能是第一代天然杂交稻。"这打破了水稻没有杂交优势的传统理论，"他说，"这促使我下定决心培育杂交稻。"这个想法是革命性的，因为在他看到的国内外资料中，还没有谈过这个问题的。即使是世界上最有名的专家，也没有想到水稻可以有杂交优势。

1973年，43岁的袁隆平实现了他的部分梦想，他在世界上首次培育成了杂交水稻，将水稻产量从每亩300公斤提高到500公斤以上。从此以后，他更加努力地工作，希望培育出产量更高、品质更好、能"养活全世界"的杂交水稻。

现在，袁隆平虽然已经70多岁了，但是他没有时间休息，他的最新研究项目是"超级稻"。1997年已经实现每亩700公斤以上的目标。从1997年开始，他的下一个目标是亩产800公斤，计划在2005年之前实现。为了有更多的研究时间，他像候鸟一样，每年冬天从寒冷的长沙飞到温暖的海南岛。一年之中，他有三分之一的时间是在稻田里工作。从播种到收获，袁隆平每天至少要下两次稻田。

在中国，一半以上的稻田种植的是袁隆平他们研究出来的杂交稻，年产量占全国水稻总产量的60%左右。袁隆平坚信中国人能做到自己养活自己。

40多年来，由于袁隆平培育出产量越来越高、质量越来越好的杂交稻种，所以国家授予他最高科学技术奖。袁隆平的研究成果，也得到了全世界的承认，2004年他获得了农业方面的国际最高荣誉——世界粮食奖。

生词

1. 杂交	V	zájiāo	to hybridize; to cross
2. 水稻	N	shuǐdào	paddy; rice
3. 奖	N	jiǎng	award; prize
4. 授予	V	shòuyǔ	to award; to confer
5. 工程院	N	gōngchéngyuàn	academy of engineering
工程	N	gōngchéng	engineering; project
6. 院士	N	yuànshì	academician
7. 采访	V	cǎifǎng	to gather news; to interview
8. 意识	V/N	yìshí	to be conscious of; consciousness
9. 知识分子		zhīshi fènzǐ	intellectual; the intelligentsia
10. 观察	V	guānchá	to observe; to watch
11. 曾经	Adv	céngjīng	at one time; ever; once
曾	Adv	céng	ever
12. 一生	N	yìshēng	lifetime; all one's life
13. 好	V	hào	to like; to love; to be fond of
14. 果实	N	guǒshí	fruit
15. 吸引	V	xīyǐn	to attract; to draw
16. 印象	N	yìnxiàng	impression
17. 记忆	N	jìyì	memory
18. (农)作物	N	(nóng)zuòwù	crop
19. 遗传	N/V	yíchuán	heredity; inheritance; to inherit
20. 育种	V	yùzhǒng	to breed
21. 十分	Adv	shífēn	fully; utterly; extremely

22. 业余	N	yèyú	sparetime; after-work
23. 学说	N	xuéshuō	doctrine; theory
24. 成果	N	chéngguǒ	fruit; achievement; gain
25. 穗子	N	suìzi	ear of grain; spike
26. 扫帚	N	sàozhou	broom
27. 颗粒	N	kēlì	granule(anything small and roundish); grain
28. 花生	N	huāshēng	peanut
29. 哪怕	Conj	nǎpà	even if
30. 增产	V	zēngchǎn	to increase production
31. 成	M	chéng	one tenth
32. 下决心		xià juéxīn	to decide; to make up one's mind
决心	V/N	juéxīn	to determine; decision; determination
33. 攻	V	gōng	to attack; to study
34. 难关	N	nánguān	difficulty
35. 粗壮	A	cūzhuàng	thick and strong
粗	A	cū	wide; thick; coarse
壮	A	zhuàng	strong; able-bodied
36. 秧苗	N	yāngmiáo	seedling; rice shoot
37. 野生	A	yěshēng	wild; undomesticated
野	A	yě	wild; uncultivated; rude
38. 种子	N	zhǒngzi	seed
39. 纯种	A	chúnzhǒng	thoroughbred; purebred
纯	A	chún	pure; unmixed; simple

40. 产生	V	chǎnshēng	to produce; to bring; to come into being
41. 分化	V/N	fēnhuà	to differentiate; to become divided; differentiation
42. 天然	A	tiānrán	natural
43. 打破	V	dǎpò	to break; to smash
44. 优势	N	yōushì	predominance; superority
45. 促使	V	cùshǐ	to urge; to impel
46. 培育	V	péiyù	to breed; to cultivate
47. 革命性	N	gémìngxìng	revolutionary spirit
革命	V/N	gémìng	to revolute; revolution
48. 产量	N	chǎnliàng	output; yield
49. 亩	M	mǔ	*mu* (a chinese unit of area equal to 1/15 of a hectare or 1/6 of an acre)
50. 公斤	M	gōngjīn	kilogram; kg
51. 以上	N	yǐshàng	above; more than; over
52. 品质	N	pǐnzhì	character; quality
53. 养活	V	yǎnghuó	to support; to feed; to raise
54. 项目	N	xiàngmù	item; project
55. 超级	A	chāojí	super
56. 目标	N	mùbiāo	aim; goal
57. 亩产	N	mǔchǎn	production of one *mu*
58. 候鸟	N	hòuniǎo	migratory bird
59. 寒冷	A	hánlěng	cold; frigid
60. 飞	V	fēi	to fly

61. 温暖	A	wēnnuǎn	warm
62. 播种		bō zhǒng	to sow seeds; to sow
63. 收获	V	shōuhuò	to harvest; to gain
64. 至少	Adv	zhìshǎo	at least
65. 坚信	V	jiānxìn	to firmly believe
66. 荣誉	N	róngyù	honour; credit
67. 袁隆平	PN	Yuán Lóngpíng	Yuan Longping (name of a Chinese scientist)
68. 东南大学	PN	Dōngnán Dàxué	Southeast University
69. 西南农业学院	PN	Xīnán Nóngyè Xuéyuàn	Southwest Agriculture Institute
70. 安江农校	PN	Ānjiāng Nóngxiào	Anjiang Agricultural School

二. 语 法

（一）短语组合

1. 授予 [~双宾] ～他科技奖 ～他博士学位 ～他荣誉教授
   [状~] 已经～ 多次～ 曾经～
   [~补] ～得早 ～两次 ～不了

2. 闻名 [~宾] ～中外 ～全国 ～世界
   [状~] 远近～ 早已～ 世界～

3. 分配 [~宾] ～工作 ～财产 ～时间
   [状~] 平均～ 公平地～ 全面地～

[~补]	~得很公平	~下去	~完了	
[~中]	~的房子	~的人员	~的活儿	~方法

4. 产生
[~宾]	~(不好的)结果	~影响	~矛盾	
[状~]	曾经~	不断~	至少~	
[~补]	~出	~得早	~不了	~不久

5. 打破
[~宾]	~传统	~习惯	
[状~]	坚决~	完全~	不断~

6. 促使
[~双宾]	~他们认识	~他们结婚	~我考虑
[状~]	努力~	直接~	真正~

7. 培育
[~宾]	~树苗	~人才	~良种
[状~]	曾经~	长期~	艰苦地~
[~补]	~得好	~下去	~出来

8. 收获
[~宾]	~水稻	~农作物	~成果	
[状~]	按时~	终于~		
[~补]	~到	~得多	~两次	
[~中]	~的花生	~的粮食	~的成果	~的季节

（二）词语例解

1. 曾经当过小学校长

副词"曾经"表示从前有过某种行为或情况。它后面常带动态助词"过"。"曾经"也说"曾"，多用于书面语。例如：

(1) 他爸爸曾经当过小学校长。

(2) 上大学以前,他曾经去过北京。

(3) 妈妈曾当过老师。

2. 非常好动

动词"好"表示喜欢。作谓语,要带宾语,而宾语常常是动词性词语(好+VP)。例如：

(1) 他好动脑筋,因此很多问题都被他解决了。

(2) 小孩子好问问题,有时候大人也回答不了。

(3) 他好踢足球,每天下午都要去踢一场。

3. 种满了花草

"V+满"，"满"作结果补语，表示达到了容量的极点。例如：

（1）房前的小花园都种满了花草。

（2）屋子里坐满了人。

（3）我的箱子装满了书。

4. 平时工作十分忙

副词"十分"作状语，表示"很、非常"的意思。例如：

（1）他工作十分忙。

（2）对今天的饭菜，我们十分满意。

（3）这件旗袍十分漂亮。

（4）他这样对待老人，确实十分不好。

（5）他父母对这件事十分不满。

"不+十分"表示程度不很高，但还是肯定的。例如：

（6）他对这次的考试成绩不十分满意。

5. 增产一成

量词"成"，表示"十分之一"的意思。"Num+成"表示分数："一成"就是"十分之一"，"二成"就是"十分之二"等等。例如：

（1）他清楚地知道，哪怕只让水稻增产一成，那也是非常困难的。

（2）今年村里收的小麦比去年增加了两成。

（3）他们工厂打算要把这个月的产量提高一成。

6. 再也没有一棵秧苗长得像去年的那棵水稻一样粗壮

"再也没/不……"是一种强调否定的表达方式，表示动作没有继续、情况没有重复或以后"永远不"发生，句尾常有动态助词"过"或语气助词"了"。例如：

（1）再也没有一棵长得像去年那棵水稻一样粗壮。

（2）他年轻的时候去过一次法国，以后再也没去过。

（3）我再也不干这种倒霉的事情了。

7. 提高到 500 公斤以上

"以上"用在数量或双音节名词后，表示在数量、位置或次序方面高于某一点。例如：

(1) 他在世界上首次培育成了杂交水稻,将水稻产量从每亩 300 公斤提高到 500 公斤以上。

(2) 重庆以上是长江的上游。

(3) 现在中国的学校还用 100 分制,60 分以上(含 60 分)算及格。

8. 每天至少要下两次稻田

副词"至少"表示最低或最少的限度。例如:

(1) 袁隆平每天至少要下两次稻田。

(2) 这些生字,你们至少要写三遍。

(3) 这幅画至少要卖 5000 块钱。

(三)句子结构

1. "哪怕……,也/都……"

前一分句用"哪怕"表示假设某种条件成立,后一分句用"也"或"都"连接,表示其结果或结论不会改变。多用于口语。例如:

(1) 哪怕只让水稻增产一成,那也是非常困难的。

(2) 哪怕明天下大雨,我也要去游览长城。

(3) 哪怕他说得再好听,人们都不会相信他的。

2. 再……也……

"再+A+也……",表示不论程度加多高,情况也不会变。例如:

(1) 他下定了决心,再困难也要攻下这个难关。

(2) 天气再冷他也不怕。

(3) 你给的价钱再高也没用,他决定不卖了。

"再+V+也……"表示不论动作重复多少次,情况也不会变。例如:

(4) 再等也是这几个人,其他的人不会来了,咱们走吧。

(5) 你再说也不会给你。

(四)复句与句群:让步转折关系(1)

1. 让步转折复句(1)

让步转折复句是先让步后转折,又分四类,本课先讲前两种:

A. 承认 A 事件的存在,却不承认 A 事件对 B 事件的影响。这类复句的主要标志

是"虽然……但是/可是……"、"尽管……还是/但是/可是……"。例如:

(1) 现在,袁隆平虽然已经 70 多岁了,但是他没有时间休息。

(2) 虽然当时资料很少,但他从能得到的英文杂志上了解到了遗传学说的新成果。

(3) 虽然路很远,可坐飞机去还是很快的。

(4) 尽管袁隆平已是闻名世界的科学家,但他一直认为自己是个农民。

(5) 尽管平时工作十分忙,除了教学以外,他还是利用业余时间做了不少研究工作。

(6) 尽管他那么优秀,可他都已经七十岁了,还独身一人呢!

有时描述 B 事件的分句也可以在前边。例如:

(7) 我现在还清楚地记得他,虽然我们有五十年没有见面了。

(8) 该说的我还是要说,尽管你可能不爱听。

无标志的转折复句:

(9) 他一直在寻找,(虽然)找遍了全中国,(但是)始终没有找到。

B. 强调 B 事件不受 A 事件的影响,只不过 A 事件往往是一种假设,而不是真实的。常用的标志是"即使……也……"、"哪怕……也……"、"就是……也……"等。例如:

(10) 即使你不来,我们也会去找你的。(其实他来了。)

(11) 即使是世界上最有名的专家,也没有想到水稻可以有杂交优势。

(12) 哪怕天下的男人都死光了,我也不嫁给你。(男人死不光。)

(13) 哪怕只让水稻增产一成,那也是非常困难的。

(14) 就是有一万个理由,你也不应该打人。(不可能有一万个理由)

2. 表示让步转折关系的紧缩句

A. "再 p 也 q"是一个表示让步关系的紧缩句式。例如:

(1) 再困难也要解决这个问题。

(2) 为了考上大学,再累也值得。

(3) 再苦也不能苦了孩子。

B. "不 p 也 q"也可以表示让步关系,例如:

(4) 你不想干也得干。

(5) 你的看法不对也可以说出来。

3. 让步句群

让步句群,常用的关联词有"即使、尽管、哪怕"等。例如:

(1) 这个想法是革命性的,因为在他看到的国内外资料中,还没有谈过这个问题的。即使是世界上最有名的专家,也没有想到水稻可以有杂交优势。

(2) 一双假脚,能跳出这么美的舞,该要经过多么艰苦的练习! 尽管科学已让她活了下来,还给了她一双会跳舞的脚,但毕竟是假的啊,还是没有真的方便。

(3) 哪怕不吃饭,不睡觉,什么事情都不做,我今天也要把这篇文章翻译完。

三.练 习

(一)给下列汉字注上拼音并组成词或短语

稻　　　　授　　　　印　　　　遗

穗　　　　帚　　　　秧　　　　亩

(二)选词填空

1. 我_____在北京住了三年了。(曾经　已经)

2. 他父亲_____当过小学校长。(已经　曾经)

3. 父亲对他的这种行为_____满。(不十分　十分不)

4. 她这次考得虽然比上次好,但她自己还_____满意。(不十分　十分)

5. 见到了多年没见面的母亲,他_____激动。(不十分　十分　不十分)

6. 你们放心吧,以后我_____这么做了。(再也没　再也不)

7. 从此以后,那里的人_____见过孔乙己。(再也没　再也不)

8. 这次比赛,我们_____有九_____的把握赢他们。(以上　至少　成)

9. 考试太难了! 80分_____的同学一个都没有。(以上　至少)

10. 他平时就_____听听音乐,特别是这位歌唱家的歌,他最喜欢,他的书架上摆_____了这位歌唱家的光盘。(好　完　满)

（三）用恰当的关联词语填空

1. 路_____不近，_____要是坐飞机去_____挺快的。
2. _____袁隆平已经是闻名世界的科学家，_____他仍然认为自己是个农民。
3. 该说的当父母的_____要说，_____孩子们可能不喜欢听。
4. _____天很黑，_____她生气的样子我还是看得很清楚。
5. _____只能看你一眼，我_____很满足。
6. _____你忘了，我们_____会给你打电话提醒你的。
7. _____有一万个理由，你_____不应该骂人哪。
8. 没有机会，想得_____好_____没有用。
9. 这篇文章的生词太多了，_____看_____看不懂。

（四）根据课文内容判断下列句子的对错

1. 袁隆平高高的个子，又黑又瘦，像个普通的农民。　　　（　　）
2. 袁隆平的父亲也是研究水稻的，对他的影响特别大。　　（　　）
3. 袁隆平从小就喜欢运动，很好奇，还喜欢养花。　　　　（　　）
4. 那些世界上最有名的专家都想到过水稻有杂交优势。　　（　　）
5. 袁隆平首次培育成的杂交水稻，将每亩的产量提高了 200 多公斤。　　　　　　　　　　　　　　　　　　　　　　（　　）
6. 从 1997 年开始，袁隆平每年冬天都去海南岛，研究候鸟。（　　）
7. 在中国，有三成的稻田种植的是袁隆平他们研究出来的杂交稻。　　　　　　　　　　　　　　　　　　　　　　　　（　　）
8. 袁隆平研究杂交稻已经 40 多年了。　　　　　　　　　　（　　）
9. 2000 年，中国政府授予袁隆平"最高科学技术奖"，他被称为"杂交水稻之父"。　　　　　　　　　　　　　　　　　　（　　）

（五）根据课文内容回答下列问题

1. 为什么袁隆平被称为"农民科学家"？请描述一下他的外貌。
2. 为什么一次参观竟然影响到他对专业的选择？
3. 大学毕业以后，他就开始专门从事水稻研究工作了吗？
4. 为什么说让水稻增产是个难关？
5. 为什么说培育杂交稻的想法是"革命性"的？

（六）复句练习

1. 将左右两部分连起来,组成一个完整的让步转折复句,并把左边的序号填在右边的括号里

  (1) 尽管他已经退休了   ( ) 但走着去也要很长时间

  (2) 虽然路不是很远   ( ) 尽管子女可能不喜欢听

  (3) 尽管两个人坐得挺远 ( ) 但他还是像以前一样不断地学习新的东西

  (4) 该说的当父母的一定要说 ( ) 但他还是坚持每天晚上去餐厅打工

  (5) 尽管学习非常忙   ( ) 你打人也是没有道理的

  (6) 哪怕理由再正确   ( ) 可她美丽的样子他还是看得清清楚楚

2. 模仿例句,将下列句子改成紧缩句

  例:即使你们再困难,也要攻下这个难关。→ 再困难也要攻下这个难关。

  (1) 人品不好即使长得再好,也没有用。

  (2) 即使我们自己再苦,也不能苦了孩子。

  (3) 就是有一万个理由,也不能去做坏事。

  (4) 即使我们自己再忙,也不能不照顾父母啊!

  例:尽管你不想干,但是你也得干啊! → 你不想干也得干!

  (1) 即使你的看法不正确,但也可以说出来啊!

  (2) 尽管你生病吃不下东西,但也得吃一点儿啊!

  (3) 即使你不想结婚,但也可以交朋友嘛!

  (4) 就算今天不刮风,我也不想去。

（七）综合运用练习

1. 写出你知道的跟“农业科技”有关的所有词汇。对于现在还不会而想学习的词,可以先用母语写出。

例词：

(1) 植物　　花草　　果实　　　秧苗……
(2) 种植　　培植　　栽培　　　培育……
(3) 育种　　育秧　　结果　　　下田……
(4) 改良品种　　　　杂交　　　无土栽培……
(5) 革命性的想法　　攻克难关　　提高产量……

2. 说一说，尽量用上刚学的词
   (1) 在你们那里，种植水稻的农民多吗？一般水稻的单位产量是多少？
   (2) 你知道遗传学研究的最新成果，给人类的生活带来的变化吗？
   (3) 你喜欢养花种草吗？说说你的理由。
   (4) 在你们国家，有科学技术奖吗？国家授予哪些人这样的奖？
   (5) 在你们附近的超市里，有没有"绿色蔬菜"出售？你知道那些蔬菜是怎样种出来的吗？
   (6) 现在市场上有很多"转基因食品"，你会购买这样的食品吗？为什么呢？

3. 写一写，尽量用上刚学的词
   (1) 今日的农业
       ① 农民的现状
       ② 农田的现状
       ③ 农产品的现状
   (2) 今日的遗传科学
       ① 你所了解的遗传科学现状
       ② 遗传科学对于农业发展的作用
       ③ 遗传科学对于人们生活的影响

四. 阅读·会话·听力

阅读

袁隆平的演讲

2003 年 4 月 1 日下午，国家最高科技奖获得者、"杂交水稻之父"、海南大学特聘教授袁隆平院士给海大300多名学生讲课。

在当天的讲座上，袁隆平院士回顾了自己的人生经历，他觉得"知识、汗水、灵感、机遇"对追求事业的人最重要。

在他看来，知识广博是成功的基础。他诙谐地说，自己初中时只因没搞清楚"负负得正"的原理，便对数学失去了兴趣。没有学好数学是他今生最大的遗憾，不然，自己还会取得更大的成就，因为任何学科的最高阶段都需要数量化。

在谈到汗水时，袁隆平说，书本里种不出小麦和水稻，要想成功必须要流汗。他希望年轻人一定要学会吃苦，苦中有乐，乐在苦中。

袁隆平说，对科研人员来说，学会捕捉"灵感"非常重要。他说，"灵感"是广博的知识、长年的经验、不懈的追求和苦苦思索的产物，也是成功的前奏。

要想成功没有机遇也是不行的，袁隆平深有感触地说。但是他马上强调，机遇只给那些有准备的人。

在讲座结束时，袁隆平表示希望能成功培育出"超级稻"并推向全世界，造福全人类。

补充生词

1. 讲座	N	jiǎngzuò	lecture; course of lectures
2. 回顾	V	huígù	to look back; to review
3. 灵感	N	línggǎn	inspiration
4. 诙谐	A	huīxié	humourous; jocular
5. 负负得正		fù fù dé zhèng	a negative number multiplied by another negative number makes the product positive
负	N	fù	negative number
正	N	zhèng	positive number

6. 捕捉	V	bǔzhuō	to hunt; to catch; to seize
7. 不懈	Adv	búxiè	untiring; unremitting
8. 思索	V	sīsuǒ	to ponder; to think deeply
9. 前奏	N	qiánzòu	prelude

阅读练习

1. 快速阅读一遍短文,并判断下列句子的对错

(1) 海南大学有300多名大学生听了袁隆平教授的讲座。 （　）

(2) 讲座是在4月的一个上午举行的。 （　）

(3) 袁隆平认为在所有东西里,知识对于事业追求是最重要的。

（　）

(4) 袁隆平小学时候由于对一个数学原理没有搞清楚,所以对数
学失去了兴趣。 （　）

(5) "书本里种不出小麦和水稻"的意思是,看书对种小麦和水稻
没有用处。 （　）

(6) "汗水"的意思是要想成功就得吃苦。 （　）

(7) 对于科研人员来说要想成功必须先有灵感。 （　）

(8) 有了机遇,即使没有准备,也能走向成功。 （　）

2. 再阅读一遍短文内容,回答下列问题

(1) 袁隆平回顾自己的经历,他觉得对追求事业的人什么最重要?

(2) 他为什么说知识广博是成功的基础?

(3) 他希望年轻人在从事科学研究时一定要学会什么?

(4) 对科研人员来说,为什么"灵感"最重要?

(5) "机遇"与成功是什么样的关系?

专家谈中国粮食安全问题

主持人： 从 1999 年开始，由于耕地面积减少，中国粮食总产量由 5.1 亿吨下降到去年的 4.3 亿吨，粮食安全的问题越来越引起人们的重视。今天我们请了几位专家来谈谈他们的看法。

王教授： 据权威部门预测，到 2030 年中国人口将达到 16 亿，人均消费粮食按 400 公斤—450 公斤计算，粮食总产需达到 6.4 亿吨—7.2 亿吨。面对耕地减少、水资源不足、生态环境恶化等困难，在不到 30 年的时间里，我们应通过什么途径来实现近 3 亿吨的粮食增产呢？我认为，进入 21 世纪后，增产粮食再也不能依靠扩大面积、广种薄收和破坏环境的办法了，而是必须走大幅度提高单产的道路。中国现有粮食种植面积约 10 亿亩，其中生产水平较高的农田有 5 亿—7 亿亩。如果按照中国农业大学提出的设想，在中国一、二、三熟地区将生产水平较高的农田分别建立年亩产 1000 公斤、1500 公斤和 1750 公斤—2000 公斤的粮食超高产田，将可以实现粮食年总产 6.4 亿吨—7.2 亿吨，从而实现"种好 10 亿亩田，养活 16 亿口人"的战略目标。

戴教授： 我认为从长远来看，作为生产力因素的科学技术，在提高玉米单产上是第一位的。现在提高玉米产量主要依靠技术来实现，因为从客观效果上看，依靠多施化肥和农药等增加产量的方式，潜力已经不大了。实践表明，在现代粮食增产的过程中，技术因素占 35%，即每增产 100 斤粮食，就有 35 斤是因为技术的改良带来的。有人还预计，到 2020 年，技术因素的贡献将达到 45%。

张教授： 专家的科研成果体现到农民田头，需要一个中间转化的环节，那就是企业。我所在的研究所自从去年和企业合作以后，新品种的生产规模从以前的50亩示范田猛增到现在的上万亩，产量自然也就提上去了。

主持人：谢谢各位专家。粮食安全问题是一个天大的问题，以后我们还要组织各方面的人士继续讨论这个问题，请大家关注。谢谢！

补充生词

1. 下降	V	xiàjiàng	to descend; to drop
2. 权威	N	quánwēi	authority
3. 人均	A	rénjūn	per capita
4. 单产	N	dānchǎn	per unit area yield
5. 熟	A	shú	ripe; cooked; familiar
6. 玉米	N	yùmǐ	maize; corn
7. 施	V	shī	to use; to apply; to bestow
8. 化肥	N	huàféi	chemical fertilizer
9. 潜力	N	qiánlì	potential; potentialities
10. 贡献	V/N	gòngxiàn	to contribute; to dedicate; contribution
11. 示范	V	shìfàn	to set an example; to demonstrate

会话练习

1. 分角色朗读。

2. 讨论：21世纪世界应该怎样解决粮食问题？

真诚的赞美

补充生词

1. 真诚	A	zhēnchéng	sincere; genuine; true
2. 赞美	V	zànměi	to praise
3. 皮肤	N	pífū	skin
4. 怀疑	V/N	huáiyí	to doubt; suspicion
5. 保养	V	bǎoyǎng	to take good care of one's health; to maintain
6. 任何	Pr	rènhé	any
7. 照	V	zhào	to photo; to reflect; to mirror
8. 接待	V	jiēdài	to receive; to admit

听力练习

1. 听录音并根据录音内容判断下列句子的对错

(1) "我"的男朋友在国外留学。　　　　　　　　　　　　（　　）

(2) 因为思念，"我"差不多每个星期都要给男朋友写信。（　　）

(3) 由于路途遥远，所以"我"都是寄挂号信。　　　　　　（　　）

(4) 因为管挂号信的女营业员工作马虎，"我"的信寄丢了好几次。（　　）

(5) 听到"我"夸奖她的皮肤好，女营业员先是怀疑，接着就很愉快。　　　　　　　　　　　　　　　　　　　　　　（　　）

(6) 女营业员说她的皮肤并不是天生这样，而是因为使用了化妆品。　　　　　　　　　　　　　　　　　　　　　　（　　）

(7) 从此以后，每次"我"去寄信，女营业员对"我"都非常热情。（　　）

(8) 因为有了真诚的赞美，我们的生活就变得温暖了。　　（　　）

2. 听录音后回答下列问题

    (1)"我"为什么常常去邮局?

    (2)邮局那个管挂号信的女营业员是个什么样的人?

    (3)"我"为什么想让她高兴?

    (4)为了让她高兴,"我"是怎么做的?

    (5)那个女营业员为什么后来一直对"我"非常热情?

    (6)在"我"看来,真诚的赞美有什么作用?

    (7)你经常受到别人的赞美吗?人们经常赞美你哪些地方?

    (8)即使很糟糕的人,身上也一定有优点,想想你身边有没有这样的人?
    在生活中,你会赞美这样的人吗?

初为人妻

一．课文

婚姻对于爱情，有人说是坟墓，有人说是升华，还有人说婚后两年是婚姻的危险期……

才结婚的时候，我看着自己的新家，看着书柜里一排排的书。有些是熟悉的，那是从大学到工作我自己买起来的；有些是不熟悉的，那是丈夫从他的书柜里搬过来的。休假的那几天，我独自坐在自己的家里，感到不习惯。我不习惯的，是一个新的角色：从女儿到妻子。

小时候我好希望变成一个男孩！那时我想，如果我是个男孩，必定像孙悟空一样，是一个天不怕地不怕的好汉。只是从来没想过有一天要结婚，做一个人的妻子。

"妻子"这个词，在中学和大学，我总感到离自己很远。当宿舍里熄了灯，同屋便各自在枕头上发表议论。现在想起来，那是学生生活中最愉快的时刻了。月光从开着的窗户外边洒了进来，月光里的夜空就像是未来的日子。我们中文系的女生宿舍便谈论婚姻对于女性有什么影响，谈论中国妇女的解放道路，谈论年轻女知识分子与男子的平等……我常常只是听着，很激动，有时也发表几句很幼稚的议论，比我大的同学就说："少年不识愁滋味。"

暑假回家，到一个从小一起长大的男孩家里玩，听他骄傲地说出一句，"女孩上大学是为了找一个好丈夫，做一个好妻子"，我立即甩门而去。从此看见他，只当见到一个不认识的人。我想，也许只恋爱不结婚是最好的生活道路。要不然，如何独立，如何不走中国妇女传统的贤妻良母的老路？

　　但"爱情"终于向我走来了。在那些恋爱的日子里，早上我去上班，头上的天总是蓝蓝的，路边的树总是绿绿的，多么美好的日子！甚至让我相信这是对我以前做过什么好事的报答。紧接着，"结婚"也走来了。等到我在自己的家里独自看着书架上一排排的书本时，才醒悟过来，真正危险的时刻开始了。

　　丈夫工作一天回来，看到我在炒菜，他称赞说："真是我的好妻子！"说完就开始吃饭。他哪里知道结婚以前我从来没有做过饭菜。他喜欢馒头，我喜欢米饭。他看到饭桌上的馒头，又说："真是我的好妻子！"吃着饭，我想，也许这就是他的大丈夫主义，我一辈子只好跟着他吃馒头了。想到这里，心里有一点难过。吃完饭，丈夫说："你很聪明，不要满足于上班下班，安安稳稳地过日子。你可以写作。"但我好像什么也没听见，只是闻着满屋子的花生油味，反反复复地想着家庭中的男女平等问题。

　　有一天，丈夫说大学里的朋友们要聚会。他走了以后，我在家等啊等啊，开着的窗户外渐渐安静下来了，别人家的电视早关上了，他还没回来。我慢慢地从焦急到委屈，终于愤怒起来。大家都出去吧！我换好衣服，关上大门走到街上。街上没有人，公共汽车站也一个人都没有。我在街上走了一圈，又回到家门口，我想好了，丈夫一定会焦急地抓住我的手问："到哪儿去了？这么晚出去，你碰见坏人怎么办？你出了事我怎么办？我怎么向你父母交代？"我就冷冷地说："大家都有会朋友的自由。"可是，我打开家门，丈夫并没回家。

第二天，有一个编辑来向我约稿，电话打到父母家里，是妈妈接的。妈妈打电话给我，说："你不要丢了自己拼命建立起来的事业。你才25岁。"

我心里很乱，下班回到家，饿着肚子写东西，不时生气地看一眼厨房，想，男女平等，今天该丈夫做饭了。

丈夫拖着沉重的脚步上楼来了，走进房里，惊讶地问："你生病了？怎么还没做饭？"我说："我是没做饭，我要写文章。"为了男女平等，当时我真有点儿要跟丈夫大吵一架的想法。丈夫只是看了我一眼，放下公文包，走进厨房，做起饭来。一会儿，丈夫轻声地叫我："可以吃饭了。"

吃完不是我做的饭，我一点也没有"平等"了的感觉，心里像有什么东西堵着，尤其看到丈夫忙了一天还在看书，看到他皱着眉头在不停地追求，灯光照出了他一天的辛苦，也照出他内心没有因为辛苦而熄灭或用完的热情，我心里有一种温暖的东西像灯光一样弥漫开来。我明白我现在的感觉便是"平等"。当一个妻子深深地爱着自己丈夫，当她以温柔的感情去体贴自己的丈夫，她在精神上就"平等"了。这里充满着温柔的爱，这就是世界上所有平等中最好的一种。

（原文作者：陈丹燕。本文稍有删改。）

生词

1. 婚姻	N	hūnyīn	marriage; wedlock
2. 对于	Prep	duìyú	with regard to; concerning to
3. 坟墓	N	fénmù	tomb; grave
4. 升华	V/N	shēnghuá	to sublimate; sublimation
5. 危险	N/A	wēixiǎn	danger; dangerous
6. 独自	Adv	dúzì	alone; by oneself
独	A	dú	only; alone
7. 角色	N	juésè	role; part
8. 必定	Adv	bìdìng	must; to be sure to
9. 好汉	N	hǎohàn	brave man; true man; hero
10. 熄	V	xī	to put out (light, etc.); to extinguish
11. 同屋	N	tóngwū	roommate
12. 发表	V	fābiǎo	to express one's opinions; to publish
13. 议论	V/N	yìlùn	to comment; to talk; to discuss; comment; remark
14. 时刻	N	shíkè	(a point of) time; hour; moment
15. 月光	N	yuèguāng	moonlight
16. 洒	V	sǎ	to sprinkle; to spray; to spill
17. 夜空	N	yèkōng	night sky
18. 未来	N	wèilái	future; in the future
19. 谈论	V	tánlùn	to talk about; to discuss

20. 女性	N	nǔxìng	female; woman
21. 解放	V	jiěfàng	to liberate; to emancipate
22. 道路	N	dàolù	path; road; way
23. 激动	A/V	jīdòng	excited; to excite
24. 幼稚	A	yòuzhì	childish; puerile; naive
25. 少年不识愁滋味		shàonián bù shí chóu zīwèi	youth do not know the taste of worries
少年	N	shàonián	early youth(from ten to sixteen）
愁	V/N	chóu	to worry; worry
滋味	N	zīwèi	taste; flavor
26. 骄傲	A	jiāo'ào	arrogant; proud
27. 立即	Adv	lìjí	immediately; at once
28. 甩	V	shuǎi	to swing; to throw
29. 当	V	dāng	to treat as; to regard as; to take for
30. 恋爱	N/V	liàn'ài	love; to be in love
31. 要不然	Conj	yàoburán	otherwise
32. 如何	Adv	rúhé	how
33. 贤妻良母		xián qī liáng mǔ	virtuous wife and loving mother
贤	A	xián	virtuous
良	A	liáng	fine
34. 美好	A	měihǎo	fine; happy
35. 报答	V	bàodá	to repay

36. 醒悟	V	xǐngwù	to wake up to reality; to come to realize the truth
37. 大丈夫主义		dàzhàngfu zhǔyì	male chauvinism
大丈夫	N	dàzhàngfu	true man; real man
38. 安稳	A	ānwěn	smooth and steady
39. 写作	V/N	xiězuò	to write; writing
40. 反复	Adv/N	fǎnfù	repeatedly; again and again; repeat
41. 渐渐	Adv	jiànjiàn	gradually; little by little
42. 焦急	A	jiāojí	anxious; worried
43. 委屈	V/A	wěiqu	to feel wronged; to nurse a grievance
44. 愤怒	A	fènnù	indignant; angry
45. 碰见	V	pèngjiàn	to meet unexpectedly; to run into
46. 坏人	N	huàirén	bad person
47. 出事		chū shì	to have an accident
48. 交代	V	jiāodài	to explain; to account for; to hand over
49. 编辑	V/N	biānjí	to edit; editor
50. 约稿		yuē gǎo	ask for contribution (to a magazine, etc.)
稿	N	gǎo	manuscript; article; draft
51. 不时	Adv	bùshí	constantly; frequently
52. 拖	V	tuō	to pull; to drag; to delay

53. 沉重	A	chénzhòng	heavy; serious
54. 脚步	N	jiǎobù	footfall; footstep
55. 惊讶	A	jīngyà	surprised; astonished
56. 吵架		chǎo jià	to quarrel; to wrangle
吵	V	chǎo	to quarrel; to wrangle; to make a noise
57. 公文包	N	gōngwénbāo	briefcase
公文	N	gōngwén	official document
58. 堵	V	dǔ	to stop up; to block up
59. 皱眉头		zhòu méitóu	to knit one's brows
眉头	N	méitóu	brows
60. 追求	V	zhuīqiú	to pursue; to seek
61. 灯光	N	dēngguāng	lamplight
62. 照	V	zhào	to shine; to light up
63. 内心	N	nèixīn	heart; innermost being
64. 熄灭	V	xīmiè	(of a fire, light, etc.) to go out
灭	V	miè	(of a fire, light, etc.) to go out; to extinguish; to turn off
65. 弥漫	V	mímàn	to fill the air; to spread all over the place
66. 温柔	A	wēnróu	gentle and soft
67. 体贴	V	tǐtiē	to show consideration for
68. 充满	V	chōngmǎn	to be full of; to fill

二．语　法

（一）短语组合

1. 熄 [~宾]　~灯　　~火　　~炉子
   [~补]　~灭　　~掉　　~不了

2. 发表 [~宾] ~意见　　　　~看法　　　　　~文章
　　　　[状~] 在报上~　　　独自~　　　　自由地~
　　　　[~补] ~了两年多　　~晚了　　　　~了几次
　　　　[~中] ~的内容　　　~的时间　　　~的理由

3. 谈论 [~宾] ~别人　　　　~婚姻　　　　~问题
　　　　[状~] 小声地~　　　跟朋友~　　　一起~
　　　　[~补] ~得很热烈　　~起来　　　　~了很多年
　　　　[~中] ~的内容　　　~的时候　　　~的问题

4. 激动 [状~] 有点儿~　　　为这件事~　　特别~
　　　　[~补] ~起来　　　　~得不得了　　~得说不出话来
　　　　[~中] ~的话　　　　~的观众　　　~的心

5. 委屈 [~宾] ~自己　　　　~孩子　　　　~了妻子
　　　　[状~] 真~　　　　　总是~　　　　十分~
　　　　[~补] ~得哭了　　　~得很　　　　~死了
　　　　[~中] ~的样子　　　~的心情　　　~的泪水

6. 堵　 [~宾] ~漏洞　　　　~他的后路　　~车
　　　　[状~] 很容易~　　　必定~　　　　有时候~　　　到处~
　　　　[~补] ~得很死　　　~好了　　　　~得厉害

7. 交代 [~宾] ~事情　　　　~问题　　　　~工作
　　　　[状~] 仔细地~　　　向领导~　　　如何~
　　　　[~补] ~得很清楚　　~给谁　　　　~不了

8. 追求 [~宾] ~幸福生活　　~理想　　　　~那位姑娘
　　　　[状~] 努力~　　　　不停地~　　　曾经~　　　正在~
　　　　[~补] ~到　　　　　~了一生　　　~下去

（二）词语例解

1. 婚姻对于爱情,有人说是坟墓,有人说是升华……

　　介词"对于"表示人、事物、行为之间的对待关系,常用来引进与动作行为有关系

的事物。"对于……"可用在主语后,也可用在主语前。例如:

(1) 我们便谈论婚姻对于女性有什么影响。

(2) 我们对于公共财产应该特别爱护。

(3) 对于这个问题大家还有什么意见?

2. 好希望变成一个男孩

副词"好"修饰形容词或动词时,跟"很、非常、十分"一样,可以表示程度深,常有感叹的意思。例如:

(1) 这间屋子好干净啊!

(2) 他昨天好晚才下班。

(3) 他好喜欢打篮球。

(4) 你怎么在这儿看书? 让我们好找!

3. 必定像孙悟空一样

副词"必定"表示主观上认为"一定是",或表示意志的坚决,不会改变。例如:

(1) 黄山这么美,必定有很多的人去游览。

(2) 刚开始学习汉语,必定有一些困难。

(3) 明天下午三点我必定来接你。

4. 最愉快的时刻

名词"时刻"指时间的某一点或某一小段。例如:

(1) 现在想起来,那是学生生活中最愉快的时刻了。

(2) 现在是最重要的时刻。

(3) 小伙子,幸福的时刻来到了。

副词"时刻"表示每时每刻、一直的意思, 如 "我们时刻准备着"。

5. 我立即甩门而去

副词 "立即" 表示"马上"的意思。"立即"多用于书面语。例如:

(1) 我立即甩门而去。

(2) 妈妈病了,要你立即回家。

(3) 到北京后,立即给我来信。

6. 只当见到一个不认识的人

    动词"当"表示"作为"、"认为"或"看作"的意思。常带动词性的宾语。例如：

      （1）我只当见到一个不认识的人。

      （2）你就当不知道这件事情。

7. 如何独立

    疑问代词"如何"，表示"怎么"的意思。多用于书面语。例如：

      （1）妇女如何独立？

      （2）我如何向你父母交代？

      （3）家里的情况如何？

8. 弥漫开来

    "V+开来"表示人或事物随动作分开，或从一点往外分散。例如：

      （1）把箱子打开来吧。

      （2）让大家散开来，不要挤在一起。

      （3）我心里有一种温暖的东西像灯光一样弥漫开来。

      （4）这个消息早就传开来了。

（三）句子结构

1. 只……不……

    在"只……不……"格式中分别嵌入同类的动词或形容词词语，突出肯定"只"后面的部分。例如：

      (1) 我想，也许只恋爱不结婚是最好的生活道路。

      (2) 我给他的钱只多不少。

      (3) 我只会说汉语，不会说日语。

      (4) 只见树木，不见森林

2. V+起来

    趋向动词"起来"作补语，可以表示结合、连接或者固定。例如：

      (1) 那些书是从大学到工作我自己买起来的。

      (2) 两个班的同学加起来是多少？

      (3) 大家围起来坐。

      (4) 我们要团结起来，团结就是力量。

"V+起来"还可以做插入语,或者句子的前一部分,表示估计,或从某一方面来看的意思。例如:

(1) 现在想起来那是学生生活中最愉快的时刻了。

(2) 这篇文章读起来会使你非常激动。

(3) 看起来这件事他还不知道。

(四)复句与句群:递进关系

1. 递进复句

递进式复句表示事物间有更进一层的关系。递进关系可分两种情况:

A. 以一层意思为基点,向另一层意思顺着推进。典型标志是"不但……而且……"、"不但……还……"等。

(1) 我不但认识他,而且跟他很熟。

(2) 我不但知道你叫什么,还知道你是干什么的。

无标志的递进复句:

(3) 我慢慢地从焦躁到委屈,终于愤怒起来。

B. 以一个否定的意思为基点,向一个肯定的意思反转推进。典型的标志是"不但不……反而……"。后一分句常用的关联词还有"倒"。在这类递进句中,前一分句的关联词后边总要有一个否定词。例如:

(4) 老师批评他,他不但不认真地听,反而还笑。

(5) 他的病不但没有好,倒更重了

(6) 风不但没有停,倒刮得更大了。

无标志的递进复句:

(7) 吃完不是我做的饭,我一点也没有"平等"了的感觉,心里像有什么东西堵着。

2. 表示递进关系的紧缩句

"越……越……"是递进复句的紧缩形式。例如:

(1) 风越刮越大。

(2) 问题越讨论越清楚。

3. 递进句群

递进句群通常是后面的句子在程度、范围、时间、数量等方面又进了一步。递进句群一般要用关联词语,常用的有:"而且、并且、并、也、还、更、甚至"等。例如:

(1) 自己因为以前看到的这种花都是红颜色的,就以为天下的这种花都是红色的。而且连人们早已调查出来的这种花的各种颜色都没听说过。

(2) 在那些恋爱的日子里,早上我去上班,头上的天总是蓝蓝的,路边的树总是绿绿的,多么美好的日子!甚至让我相信这是对我以前做过什么好事的报答。

(3) 吃完不是我做的饭,我一点也没有"平等"了的感觉,心里像有什么东西堵着。尤其看到丈夫忙了一天还在看书,看到他皱着眉头在不停地追求。灯光照出了他一天的辛苦,也照出他内心没有因为辛苦而熄灭或用完的热情,我心里有一种温暖的东西像灯光一样弥漫开来。我明白我现在的感觉便是"平等"。

三. 练 习

(一) 给下列汉字注上拼音并组成词或短语

坟　　　　　枕　　　　　飘　　　　　幼

恋　　　　　贤　　　　　糙　　　　　弥

(二) 选词填空(有些词两个都可以)

1. _____这个问题,大家可以提出自己的看法。(对于　对)

2. 他_____我忽然这么冷淡,我不知道自己哪里做错了。(对于　对)

3. 对于他这位外国人来说,刚开始学太极拳_____会有一些困难的。(必定　一定)

4. 他们考虑了很久,终于_____马上结婚。(必定　决定)

5. 早上10点他们要举行婚礼,那真是一个幸福的_____。(时刻　时候)

6. 经过四年_____的学习,她大学毕业了。(时刻　时间)

7. 他对别人对他的_____不感兴趣。(谈论　议论)

8. 最近报上经常_____一些什么问题?(谈论　议论)

9. 这件事我_____不会说出去,就_____自己不知道吧。(当　当然)

10. 弟弟已经_____爸爸了,可是我妈还把他_____小孩子,

他＿＿＿＿＿不高兴了。（当　当然）

11. ＿＿＿＿＿大家都不努力，＿＿＿＿＿才能保护这里的环境？（如何　如果）

12. 最近你家里的情况＿＿＿＿＿？（如何　怎么）

13. 他没有别的爱好，就是＿＿＿＿＿看电视剧，＿＿＿＿＿看的电视剧，他不吃不睡也要看完。（好 hǎo　好 hào）

14. 这篇文章＿＿＿＿＿难啊！他写的文章本来就不＿＿＿＿＿懂，他还特别＿＿＿＿＿用一些怪词。（好 hǎo　好 hào）

15. 火烧＿＿＿＿＿了，很危险，快让大家散＿＿＿＿＿！（开来　起来）

16. 你推得＿＿＿＿＿这个门吗？（开来　开）

（三）完成下列对话

1. A：听说北京的胡同拆了很多，是吗？

   B：是啊，这＿＿＿＿＿＿＿＿＿＿。（对于）

2. A：你觉得结婚以后，还有爱情吗？

   B：＿＿＿＿＿＿＿＿＿＿＿。（对于）

3. A：我想"五一"假期去泰山，你看怎么样？

   B："五一"放长假，去泰山旅游的人特别多，飞机票＿＿＿＿＿＿。
   （必定）

4. A：你第一次见到你女朋友父母的情景，怎么记得这么清楚？

   B：＿＿＿＿＿＿＿＿＿＿＿。（时刻）

5. A：你刚来三天，怎么就要买回去的机票？

   B：昨天学校给我打来电话，＿＿＿＿＿＿＿＿＿＿。（立即）

6. A：你现在住的那家房东怎么样？

   B：好极了，他们＿＿＿＿＿＿＿＿＿。（当）

7. A：明天要考试，你紧张吗？

   B：一点儿也不紧张，只＿＿＿＿＿＿＿＿＿＿。（当）

8. A：最近小王为什么越来越瘦了？

   B：是啊，他看起来＿＿＿＿＿＿＿＿＿＿。（好+A）

9. A：这个消息你们是怎么知道的？

　　B：唉，这么大的事，_____。（开来）

10. A：你这个假期_____？（如何）

　　B：我这个假期过得很好。

11. A：老杨怎么天天听京剧呀？

　　B：他呀，是个戏迷，不但_____，而且_____。

12. A：这个周末你休息得怎么样？

　　B：唉，别提了，不但没有_____，反而_____。

13. A：听说北京郊区出产苹果，是吗？

　　B：是啊，_____产量很高，而且_____。

14. A：他这样做，你觉得能解决问题吗？

　　B：我觉得不但_____，反而_____。

15. A：经过这场大火，他们是不是失去了生活的勇气？

　　B：他们不但没有_____，倒变得_____。

16. A：你妹妹现在开车开得怎么样？

　　B：她现在越_____。

17. A：北京九月的天气是不是很冷？

　　B：一点儿也不冷，你带的衣服只_____不_____。

18. A：我看你哥哥总是在看书，他喜欢运动吗？

　　B：他呀，只_____，不_____。

（三）根据课文内容判断下列句子的对错

1. 人们对于婚姻的看法是不一样的。　　　　　　　　　　（　　）

2. 看到丈夫搬来的那些不熟悉的书，"我"感到不习惯。　　（　　）

3. 上大学的时候，"我"一直想赶快结婚，并想生一个男孩。（　　）

4. 女大学生们总是在月光下的校园里谈论婚姻和妇女解放
   问题。　　　　　　　　　　　　　　　　　　　　　　（　　）

5. 对于中国妇女,传统的生活方式是当一个"贤妻良母"。　　　（　　　）

6. "我"认为恋爱充满危险,而婚姻才能带来真正的幸福。　　（　　　）

7. 婚后,丈夫对我非常满意,是因为我还在追求自己的事业。（　　　）

8. 一天,丈夫出去聚会很晚还不回来,"我"很担心,就走到
　　外边去等他。　　　　　　　　　　　　　　　　　　　（　　　）

9. 那时,"我"虽然只有25岁,但已经有了自己的事业。　　（　　　）

10. 为了男女平等,"我"在做饭问题上跟丈夫大吵了一架。　（　　　）

11. 吃完丈夫为"我"做的饭,"我"却没有找到男女平等的感觉。（　　　）

12. 夫妻之间的平等应该是精神上的,并充满了温柔的爱。　（　　　）

（五）根据课文内容回答下列问题

1. 对于婚姻,人们都有什么样的不同看法?

2. "我"还是一个女孩子的时候,对爱情和婚姻是怎么想的?

3. 在恋爱的日子里,"我"的感觉怎么样?

4. 刚结婚的时候"我"为什么有些不习惯?

5. 丈夫夸奖"我"是好妻子,"我"为什么觉得难过?

6. 丈夫要"我"写作,妈妈也要"我"不要丢了自己的事业,"我"是怎么
　　想的?

7. 丈夫很晚不回家,"我"的感觉怎么样?

8. 那天"我"为什么不做饭?

9. 吃完丈夫给"我"做的饭,"我"为什么仍然没有平等的感觉?

10. 为什么说夫妻之间的平等,是世界上所有平等中最好的一种?

（六）复句练习

1. 将左右两部分连起来,组成一个完整的递进复句,并把左边的序号填在
　　右边的括号里

（1）麦克不但会骑马　　　　　　　（　　）而且对整个中国的发展

（2）举办奥运会不但对北京有好处　　　　都是一件好事

（3）大风不但没有停　　　　　　　（　　）倒笑了起来

（4）他听了不但不生气　　　　　　（　　）反而称赞了她

（5）主任不但没有批评她　　　（　）而且还会给马治病

（6）研究人员不但发现了设计上的问题　（　）而且还找到了解决的办法

　　　　　　　　　　　　　　　　　（　）反而越刮越猛了

2. 模仿例句，将下列句子改成用"越……越……"的紧缩句

　　例：这个工作干的时间越长，他越觉得有兴趣。→这个工作他越干越
　　　　有兴趣。

　　（1）他讲得越多，我们越听不明白。

　　（2）他越看这幅画，越觉得喜欢。

　　（3）她说话的声音，开始很大，后来就渐渐小了。

　　（4）我们讨论了几次，问题更清楚了。

（七）综合运用练习

1. 写出你知道的跟"男女平等"有关的所有词汇。对于现在还不会而想学
　习的词，可以先用母语写出

　　例词：

　　（1）大丈夫　　大男子主义　　封建主义　　男权社会……

　　（2）小女子　　屋里的　　　　贤妻良母　　女权主义　　　女权社会……

　　（3）权利　　　地位　　　　　解放　　　　独立　　　　　平等　　　关心

　　　　照顾　　　温柔　　　　　体贴……

　　（4）半边天　　就业　　　　　事业　　　　职业　　　　　家务　　　矛盾……

2. 说一说，尽量用上刚学的词

　　（1）如果你是男的，你希望自己的妻子是个贤妻良母吗？

　　（2）如果你是女的，你愿意做丈夫和孩子的贤妻良母吗？

　　（3）你认为婚姻对妇女有什么影响？

　　（4）如果你想结婚，你希望自己以后的家庭生活是什么样的？

　　（5）你是怎样理解夫妻之间的"平等"的？说说你的理由。

（6）你同意"夫妻之间有了爱就是最好的平等"吗？

（7）你能接受"只恋爱不结婚"的生活态度吗？

（8）如果妻子比丈夫强，你觉得他们的婚姻生活会幸福吗？

（9）你认为妇女怎么样才能真正得到解放？

3. 写一写,尽量用上刚学的词
   （1）女权主义(比较不同的文化)
   ① 女权主义产生的原因
   ② 哪些女性容易赞成这种观点
   ③ 社会对这些女性的态度
   ④ 男性对这种观点的看法
   ⑤ 女权主义者个人的婚姻生活

   （2）男女平等(比较不同的文化)
   ① 历史上的情况
   ② 政治地位方面
   ③ 社会地位方面
   ④ 工作方面
   ⑤ 婚姻家庭之中
   ⑥ 对待子女方面

四. 阅读·会话·听力

阅读

小两口请客

快过春节了，我俩决定举办婚后第一次小家庭宴请。

可是，我们俩谁都不会做饭，怎么办呢？现学吧！我的师傅当然是妈妈了。她先教给我几个热菜的做法，比如芋头扣肉、松鼠鱼、麻婆豆腐、苦瓜炒肉片儿、炒青菜。其他的凉菜超市有卖的，买回家往盘子里一放就得了。

他也到朋友家求教去了，我问他学了几道菜，他说："一道。"我听了，心里暗暗地高兴。我们开始采购，各买各的菜，虽然他只学了一道菜，但他大包小包的买了不少，种类比我买的还多。

我们定在正月初五请客，初四我就开始做准备了。我忙进忙出，而他跟平常一样，还在看报看电视。我想：你不早做准备，明天看你拿什么来招待客人。

初五那天，我们请的客人都来了。宴会开始，桌子中间是一个火锅，锅里是白开水。锅的四周摆满了我做的热菜：松鼠鱼、芋头扣肉、麻婆豆腐、苦瓜炒肉片儿、素炒青菜，还有几个凉菜。在我看来，色香味"俱全"。我在等着客人的称赞。就在客人边吃边聊的时候，他开始行动了，先放入火锅汤料，又放入木耳，再放入大蒜末。一会儿，大家的筷子都伸向了火锅，开始涮羊肉，边吃边赞不绝口。吃了一会儿，他又放入了粉丝，再吃一会儿，他又放入白菜……真是其味无穷，其乐无穷。大家举起杯子说："谢谢你们做的火锅，祝你们小日子越过越红火。"他呢，只是微笑着站在旁边说："谢谢，请大家多吃点儿。"而我做的几道热菜却成了谁也没多吃一口的"凉菜"。

生词

1. 求教		qiú jiào	to ask for advice; to consult
2. 暗暗	Adv	àn'àn	secretly
3. 采购	V	cǎigòu	to purchase
4. 正月	N	zhēngyuè	the first month of the lunar year
5. 初五	N	chūwǔ	the fifth day of a lunar month
6. 四周	N	sìzhōu	all around
7. 俱	Adv	jù	all; completely

8. 行动	V/N	xíngdòng	to act; action; activity
9. 汤料	N	tāngliào	soup stock
10. 大蒜末	N	dàsuànmò	garlic powder
大蒜	N	dàsuàn	garlic
末	N	mò	powder
11. 伸	V	shēn	to stretch; to extend
12. 鲜	A	xiān	delicious; tasty
13. 粉丝	N	fěnsī	vermicelli made from bean starch, etc.
14. 无穷	A	wúqióng	infinite; endless; boundless

阅读练习

1. 快速阅读一遍短文,并判断下列句子的对错

   (1) 结婚后,小两口准备第一次在家里宴请朋友。　　　　　(　　)
   (2) 他们不会做饭,就决定去朋友家求教。　　　　　　　　(　　)
   (3) 妻子不但学会了做热菜,还学会了做凉菜。　　　　　　(　　)
   (4) 丈夫在朋友家学会了怎样吃火锅。　　　　　　　　　　(　　)
   (5) 正月初五请客,丈夫初四就开始忙着做准备。　　　　　(　　)
   (6) 客人称赞了妻子做的凉菜。　　　　　　　　　　　　　(　　)

2. 再阅读一遍短文,回答下列问题

   (1) 小两口决定过春节请客,他们不会做饭怎么办?
   (2) 妻子向妈妈学了哪几个热菜的做法?
   (3) 丈夫在朋友家学了一道什么菜?
   (4) 初四那天,妻子忙着做什么?
   (5) 宴会开始的时候,丈夫准备了一道什么菜?
   (6) 为什么丈夫的这道菜很受欢迎?

购　物

太太：听邻居说，超市里有鱼头卖，儿子喜欢吃，你去买两斤，好吗？

先生：好的，太太让我去买，我还敢不去吗？现在就去。

　　　（先生连忙去超市）

儿子：妈，老爸呢？

太太：我让他到超市买鱼头去了。

儿子：他耳朵不太好，您怎么又让他去买东西？您让他买酱油，他买白醋；您让他买鱼，他买肉。老爸买错了，您还很高兴。

太太：我是想让他出去走一走。

儿子：您等着吧，看老爸今天给我们买点儿什么回来。

　　　（过了一会儿）

先生：我回来了。今天超市卖的芋头真不错，个儿挺大，还很便宜。我一下子就买了5斤，你们看怎么样？

太太：我要你去买鱼头，你又买来了芋头！上次买的芋头还没吃完呢。

先生：今天又买错了，那我们就多吃几次芋头扣肉吧。

儿子：老爸，您这不是"购物"，您这是"购误"！

先生：既然如此，为什么还老让我去？

儿子：不让您去让谁去呢？我那么忙，妈妈的腿脚又不方便。

先生：让我去购物，可是每次你们又都不满意。

儿子：老爸，您别生气，我们没有不满意。别人去买东西，不过是照单购物，只有您去买最合适。您既锻炼了身体，又能给家人带来惊喜。

生词

1. 购物		gòu wù	to go shopping
2. 酱油	N	jiàngyóu	soy sauce；soy
3. 误	N	wù	mistake
4. 腿脚	N	tuǐjiǎo	ability to walk；legs and feet
5. 照	Prep	zhào	according to

会话练习

1. 分角色朗读。
2. 回答问题：
    (1) 他们为什么老让他老爸去买东西？
    (2) 为什么说他老爸是"购误"？

听力

鬼迷心窍

补充生词

1. 鬼迷心窍		guǐ mí xīn qiào	to be obsessed；to be possessed
2. 赌气		dǔ qì	to feel wronged and act rashly
3. 临	Adv	lín	on the point of；be about to
4. 公公	N	gōnggong	father-in-law
5. 传	V	chuán	to pass；to send
6. 骂	V	mà	to abuse；to curse
7. 逼	V	bī	to force；to compel
8. 嫂子	N	sǎozi	elder brother's wife

听力练习

1. 听录音并根据录音内容判断下列句子的对错
   (1) 她回娘家以后丈夫请她三次,也没有回来。 （　　）
   (2) 后来她回来了,还给公公带回两包点心。 （　　）
   (3) 公公看到她回来非常高兴。 （　　）
   (4) 晚上丈夫跟她吵架,把她气哭了。 （　　）
   (5) 昨天在娘家她看到她嫂子跟她哥哥大吵大闹。 （　　）

2. 听录音后回答下列问题
   (1) 她为什么要回娘家?
   (2) 她公公为什么不想收她带回来的点心?
   (3) 她为什么说自己是鬼迷心窍?

背　影

一. 课　文

　　我与父亲不相见已二年余了，我最不能忘记的是他的背影。那年冬天，祖母死了，父亲的差使也交卸了，正是祸不单行的日子，我从北京到徐州，打算跟着父亲奔丧回家。到徐州见着父亲，看见满院狼藉的东西，又想起祖母，不禁簌簌地流下眼泪。父亲说，"事已如此，不必难过，好在天无绝人之路！"

　　回家变卖典质，父亲还了亏空；又借钱办了丧事。这些日子，家中光景很是惨淡，一半为了丧事，一半为了父亲赋闲。丧事完毕，父亲要到南京谋事，我也要回北京念书，我们便同行。

　　到南京时，有朋友约去游逛，停留了一日；第二日上午便须渡江到浦口，下午上车北去。父亲因为事忙，本已说定不送我，叫旅馆里一个熟识的茶房陪我同去。他再三嘱咐茶房，非常仔细。但他终于不放心，怕茶房不妥帖；颇踌躇了一会。其实我那年已二十岁，北京已来往过两三次，是没有什么要紧的了。他踌躇了一会，终于决定还是自己送我去。我两三回劝他不必去；他只说，"不要紧，他们去不好！"

　　我们过了江，进了车站。我买票，他忙着照看行李。行李太多了，得向脚夫付些小费，才可过去。他便又忙着和他们讲价钱。我那时真是聪明过分，总觉得他说话不大漂亮，非自己插嘴不可。但他终于讲定了价钱；就送我上车。他给我拣定了靠车门的一张椅子；我将他给我做的紫毛大衣铺好座位。他嘱我路上小心，夜里警醒些，不要受凉。又嘱托茶房好好照应我。我心里暗笑他的迂；他们只认得钱，托他们直是白托！而且我这样大年纪的人，难道还不能料理自己么？唉，我现在想想，那时真是太聪明了！

生词

1.	背影	N	bèiyǐng	view of sb.'s back
	背	N	bèi	back
	影	N	yǐng	shadow
2.	相见	V	xiāngjiàn	to meet
3.	忘记	V	wàngjì	to forget
4.	祖母	N	zǔmǔ	grandma; grannie
☆ 5.	差使	N	chāishi	work; job
☆ 6.	交卸	V	jiāoxiè	to hand over official duties to one's successor
7.	祸不单行		huò bù dān xíng	misfortunes never come singly
8.	奔丧	V	bēnsāng	to hasten home for the funeral of a parent or grand-parent
9.	狼藉	N	lángjí	in disorder
10.	簌簌	Ono/A	sùsù	rustle;(tears) streaming down
11.	流	V	liú	to flow; to stream

12.	如此	Pr	rúcǐ	so; thus; herein
13.	好在	Adv	hǎozài	fortunately; luckily
14.	天无绝人之路		tiān wú jué rén zhī lù	Heaven will always leave a door open.
15.	变卖	V	biànmài	to sell off(one's property)
☆ 16.	典质	V	diǎnzhì	to mortgage; to pawn
17.	亏空	N	kuīkong	debt; deficit
18.	丧事	N	sāngshì	funeral arrangement
19.	光景	N	guāngjǐng	circumstances; conditions
20.	惨淡	A	cǎndàn	gloomy; dismal
☆ 21.	赋闲	V	fùxián	to be unemployed
22.	完毕	V	wánbì	to finish; to complete; to end
23.	谋事	V	móushì	to look for a job
24.	念书		niàn shū	to study
25.	同行	V	tóngxíng	travel together
26.	游逛	V	yóuguàng	to stroll about
27.	停留	V	tíngliú	to stay for a time; to stop
28.	须	V	xū	must
29.	渡	V	dù	to cross a river
30.	旅馆	N	lǚguǎn	hotel
31.	熟识	V	shúshí	to be familiar with
☆ 32.	茶房	N	cháfáng	waiter; steward
33.	再三	Adv	zàisān	over and over again
34.	嘱咐	V	zhǔfù	to enjoin, to exhort

35. 仔细	A	zǐxì	careful
36. 妥帖	A	tuǒtiē	appropriate
37. 颇	Adv	pō	considerably; quite
38. 踌躇	V	chóuchú	to hesitate
39. 照看	V	zhàokàn	to keep an eye on; to look after
40. 行李	N	xíngli	baggage; luggage
☆41. 脚夫	N	jiǎofū	porter
42. 讲价钱		jiǎng jiàqian	to bargain
43. 过分	Adv	guòfèn	excessive; undue; over
44. 插嘴		chā zuǐ	to interrupt; to chop in
45. 拣	V	jiǎn	to choose; to select
46. 紫毛大衣		zǐ máo dàyī	purple wollen overcoat
大衣	N	dàyī	overcoat
47. 铺	V	pū	to spread
48. 小心	V/A	xiǎoxīn	to be careful
49. 警醒	V/A	jǐngxǐng	to sleep lightly; vigilant; alert
50. 受凉		shòu liáng	to catch cold
51. 嘱托	V	zhǔtuō	to entrust
托	V	tuō	to ask for help; to entrust
52. 照应	V	zhàoying	to look after; to take care of
53. 暗笑	V	ànxiào	to snicker; to snigger
54. 迂	A	yū	pedantic
55. 料理	V	liàolǐ	to take care of; to manage
56. 唉	Int	āi	alas

　　我说道，"爸爸，你走吧。"他往车外看了看，说，"我买几个橘子去。你就在此地，不要走动。"我看那边月台的栅栏外有几个卖东西的等着顾客。走到那边月台，须穿过铁道，须跳下去又爬上去。父亲是一个胖子，走过去自然要费事些。我本来要去的，他不肯，只好让他去。我看见他戴着黑布小帽，穿着黑布大马褂，深青布棉袍，蹒跚地走到铁道边，慢慢探身下去，尚不大难。可是他穿过铁道，要爬上那边月台，就不容易了。他用两手攀着上面，两脚再向上缩；他肥胖的身子向左微倾，显出努力的样子。这时我看见他的背影，我的泪很快地流下来了。我赶紧拭干了泪，怕他看见，也怕别人看见。我再向外看时，他已抱了朱红的橘子往回走了。过铁道时，他先将橘子散放在地上，自己慢慢爬下，再抱起橘子走。到这边时，我赶紧去搀他。他和我走到车上，将橘子一股脑儿放在我的皮大衣上。于是扑扑衣上的泥土，心里很轻松似的，过一会说，"我走了；到那边来信！"我望着他走出去。他走了几步，回过头看见我，说，"进去吧，里边没人。"等他的背影混入来来往往的人里，再找不着了，我便进来坐下，我的眼泪又来了。

　　近几年来，父亲和我都是东奔西走，家中光景是一日不如一日。他少年出外谋生，独力支持，做了许多大事。哪知老境却如此颓唐！他触目伤怀，自然情不能自已。情郁于中，自然要发之于外；家庭琐屑便往往触他之怒。他待我渐渐不同往日。

但最近两年的不见，他终于忘却我的不好，只是惦记着我，惦记着我的儿子。我北来后，他写了一信给我，信中说道，"我身体平安，惟膀子疼痛厉害，举箸提笔，诸多不便，大约大去之期不远矣。"我读到此处，在晶莹的泪光中，又看见那肥胖的，青布棉袍，黑布马褂的背影。唉！我不知何时再能与他相见。

一九二五年十月在北京

（朱自清（1898—1948）江苏省东海县人，中国现代著名的散文家、诗人和学者。《背影》发表于 1925 年，是他的代表作。本文选自散文集《背影》，少量词语有改动。）

生词

1.	说道	V	shuōdào	to say
2.	橘子	N	júzi	tangerine
3.	此地	N	cǐdì	here; this place
4.	走动	V	zǒudòng	to walk about
5.	月台	N	yuètái	platform
6.	栅栏	N	zhàlan	railings; paling; bars
7.	穿	V	chuān	to pass through
8.	铁道	N	tiědào	railroad; railway
9.	胖子	N	pàngzi	fat person; fatty
10.	费事	V	fèishì	to give or take a lot of trouble
11.	帽（子）	N	mào(zi)	cap; hat
☆12.	马褂	N	mǎguà	mandarin jacket

13. 青(色)	A	qīng(sè)	blue or green
14. 棉袍	N	miánpáo	cotton robe
☆15. 蹒跚	V	pánshān	to stagger; to limp
16. 探身		tàn shēn	stretch forward one's body
探	V	tàn	to stretch forward; to explore
17. 尚	Adv	shàng	still; yet
18. 攀	V	pān	to clamber; to climb
19. 缩	V	suō	to contract; to draw back; to withdraw
20. 肥胖	A	féipàng	fat
肥	A	féi	fat; loose
21. 微	A	wēi	slight; tiny
22. 倾	V	qīng	to bend; to lean; to incline
23. 泪	N	lèi	tear; teardrop
24. 赶紧	Adv	gǎnjǐn	to hasten; to lose no time
25. 拭	V	shì	to wipe; to wipe away
26. 抱	V	bào	to hold or carry in the arm
27. 朱红	A	zhūhóng	vermilion; bright red
28. 散	V	sǎn	to scatter; to disperse
29. 搀	V	chān	to support sb. by the arm
30. 一股脑儿	Adv	yìgǔnǎor	completely
31. 扑	V	pū	to flap; to pat
32. 泥土	N	nítǔ	earth; soil; clay
33. 轻松	A	qīngsōng	light; relaxed

34. 混入	V	hùnrù		to mingle with
35. 东奔西走		dōng bēn xī zǒu		to run here and there
36. 出外	V	chūwài		to be away from home
37. 谋生	V	móushēng		to seek a livelihood; to make a living
☆38. 独力	Adv	dúlì		independently; on one's own
☆39. 老境	N	lǎojìng		life and circumstances in old age
☆40. 颓唐	A	tuítáng		dejected; dispirited
☆41. 触目	V	chùmù		to meet the eye
☆42. 伤怀	V	shānghuái		sad; grieved
43. 情	N	qíng		affection; feeling
☆44. 不能自已		bù néng zì yǐ		lose control over oneself
☆45. 郁	A	yù		gloomy; depressed
☆46. 琐屑	N	suǒxiè		trivial
47. 往往	Adv	wǎngwǎng		often; frequently
☆48. 触他之怒		chù tā zhī nù		make him angry
触	V	chù		to touch; to touch off
怒	A/N	nù		angry; fury; rage
49. 待	V	dài		to treat; to deal with
50. 往日	N	wǎngrì		in former days
☆51. 忘却	V	wàngquè		to forget
52. 惦记	V	diànjì		to keep thinking about; to remember with concern
☆53. 惟	Adv	wéi		but; only that
54. 膀子	N	bǎngzi		arm; upper arm

55. 疼痛	V	téngtòng	to ache; to pain
☆56. 箸	N	zhù	chopsticks
☆57. 诸多	A	zhūduō	a good deal
☆58. 不便	N	búbiàn	inconvenience; inappropriateness
59. 大去	V	dàqù	to die
☆60. 矣	MdPt	yǐ	*used at the end of a sentence like* 了
☆61. 晶莹	A	jīngyíng	sparkling and crystal-clear; glittering and translucent
62. 光	N	guāng	light
63. 何时	Pr	héshí	when

二. 语 法

（一）短语组合

1. 忘记 [~宾]　~这件事情　　~他的名字　　~过去
　　　[状~]　渐渐~　　　　完全~　　　总是~　　一股脑儿地~
　　　[~补]　~得很快　　　~不了　　　　~过一次

2. 停留 [状~]　在这儿~　　　再三~　　　多次~
　　　[~补]　~几天　　　　~下去　　　　~多次　　~在那儿

3. 照看 [~宾]　~孩子　　　　~病人　　　~行李
　　　[状~]　如何~　　　　独自~
　　　[~补]　~一生　　　　~得很认真　~了几十年

4. 过分 [状~]　有点儿~　　　太~　　　　实在~
　　　[~补]　~得很　　　　~得让人受不了　~极了
　　　[~中]　~的想法　　　~的要求　　~的批评

5. 费事 [状~]　　如此~　　　　　　必定~　　　　　　十分~

　　　　[~补]　　~多了　　　　　　~得多　　　　　　~得很

　　　　[~中]　　~的活儿　　　　　~的工作

6. 料理 [~宾]　　~工作　　　　　　~家务　　　　　　~商店

　　　　[状~]　　认真地~　　　　　独自~

　　　　[~补]　　~得不错　　　　　~得很满意　　　　~得很马虎

7. 惦记 [~宾]　　~父母　　　　　　~家乡　　　　　　~他

　　　　[状~]　　常常~　　　　　　一直~　　　　　　有时~

　　　　[~补]　　~了很久　　　　　~得很　　　　　　~到现在

　　　　[~中]　　~的事情　　　　　~的人

（二）词语例释

1. 事已如此

代词"如此",指上文提到的某种情况,有"这样"的意思。多用于书面语。例如:

(1) 他忙得很,天天如此。

(2) 事已如此,你也不必难过。

(3) 他学习如此努力,成绩必定不错。

(4) 她在生活上很关心老人。不但如此,她还常陪老人散步、聊天。

2. 好在天无绝人之路

副词"好在"表示具有某种有利的条件或情况,多用在分句的开头。例如:

(1) 好在都是好朋友,他们不会生你的气。

(2) 父亲说,"事已如此,不必难过,好在天无绝人之路!"

(3) 车还没来,我们步行去吧,好在路不太远。

(4) 好在我们去得早,要不就买不到今天的车票了。

3. 本已说定不送我

副词"本",是"本来"的意思。多用于书面语,口语一般用"本来"。例如:

(1) 他本已说定不送我。

(2) 妈妈本想来看你,因为有急事,所以没来成。

(3) 本没有你的票,这张票是王老师给你的。

4. 再三嘱咐

副词"再三"表示一次又一次的意思。例如：

(1) 他再三嘱咐茶房。

(2) 钱经理再三表示感谢。

(3) 女儿向妈妈再三要求, 妈妈才同意她参加暑假英语夏令营。

5. 颇踌躇了一会

副词"颇"表示"很"的意思。多用于书面语。例如：

(1) 他颇踌躇了一会。

(2) 丁力波对中国画颇感兴趣。

(3) 有些同学对这次活动颇有意见。

6. 我说道

动词"说+道", 表示"说"的意思。用于书面语。特别是用于描述或直接引用人物说话。例如：

(1) 我说道, "爸爸, 你走吧。"他往车外看了看, 说, "我买几个橘子去。"

(2) 老师上完课, 说道："我们明天口语考试。"说完, 他就走出了教室。

(3) "孩子爸, 你放心走吧。家里有我呢。"妈妈说道。

常用的类似动词还有"问道"、"答道"、"谢道"、"笑道"、"哭道"等。

7. 东奔西走

在"东……西……"格式中, 嵌入同类的词语。表示某种杂乱的行为。例如：

(1) 近几年来, 父亲和我都是东奔西走, 家中光景是一日不如一日。

(2) 他站在那儿东张西望, 不知要看什么。

(3) 别东拉西扯了, 我还有事呢。

(4) 他做事总是东一下西一下, 没有重点。

8. 往往触他之怒

副词"往往"表示某种情况常出现。例如：

(1) 考试前, 他往往学习到深夜。

(2) 家庭琐屑往往触他之怒。

(3) 北京春天往往刮大风。

（三）句子结构

1. "非……不……"

"非"和"不"都是表示否定的副词。"非……不……"表示"如果不……就不……"，是用双重否定强调"一定要这样"。例如：

(1) 他是南方人，非米饭不吃。

(2) 他已经决定非她不娶了。

(3) 这件事非他去不能解决。

后一部分也常用"不可"、"不行"、"不成"。例如：

(4) 这个问题很重要，我非说不可。

(5) 今天的电影他非看不行。

(6) 要完成这个项目非两年的时间不成。

2. V+定（结果补语）

动词"定"作结果补语表示确定或不变。"定"重读，后面常带"了"。例如：

(1) 他终于讲定了价钱。

(2) 他给我拣定了靠车门的一张椅子。

(3) 明天他走定了，火车票都买好了。

(4) 父亲因为事忙，本已说定不送我，叫旅馆里一个熟识的茶房陪我同去。

（四）复句与句群：推断关系

1. 推断复句

推断句表示推断性的因果关系，常根据原因推断结果，最典型的标志是"既然……就……"例如：

(1) 既然你来了，我就不去了。

(2) 他既然爱好音乐，那么就用音乐感动他。

(3) 既然明天天气不好，咱们就改天再比赛吧。

也可以根据结果推断原因，常用的标志是"既然……一定……"。例如：

(4) 既然他没来上课，那么他一定是病了。

(5) 既然你对他很了解，那你一定跟他很熟。

推断复句也有无标志形式，例如：

(1) 事已如此，不必难过。

(2) 情郁于中，自然要发之于外。

(3) 我本来要去的，他不肯，只好让他去。

2. 表示推断关系的紧缩句

(1) 你能去还是去吧。

(2) 你不说我说。

3. 总分句群

"总"是合在一起、概括起来说,"分"是一个一个具体地说。其结构形式可以是先总后分,也可以是先分后总,还可以是先总、后分、再总,但不能是先分、后总、再分。例如:

(1) 他们是参加这次会议唯一的一对夫妇。丈夫是我国著名的经济学家。妻子则是一位妇女问题的理论家。(先总后分)

(2) 南方人喜欢吃大米以及用米粉做的东西,比如米饭、年糕等。北方人喜欢吃面食,比如馒头、馅饼、包子、面条、饺子等。中国人的主食总是以大米和面粉为主。(先分后总)

(3) 自古以来,就有三种桥。一是木桥。二是石桥,三是悬桥。这是桥的三种基本类型。(先总后分再总)

三. 练 习

(一) 给下列汉字注上拼音并组词

卸　　　　祸　　　　丧　　　　藉

籁　　　　惨　　　　赋　　　　妥

(二) 选词填空

1. 他每天晚上都学习到 12 点,_____努力,期末一定会考出好成绩的。

2. 因为从周一到周五都要早起上班,我们周末_____都起得很晚。

3. 我_____打算这个假期去国外旅行,可是踢球摔坏了脚,哪儿也去不了了。

4. 摔伤以后我出不了门,_____冰箱里装满了吃的喝的,不用去超市了。

5. 这件事不大好办，_____让他费了一些时间。

6. 爷爷看了看孩子们，_____："今天我跟你们商量一件重要的事情，好吗？"

7. 虽然老师_____通知大家，可班里还是有同学没有按时到达上车地点。

8. 你们看，刘小强在那儿_____张_____望的，一定在等谁呢。

9. 那天的车祸太危险了，_____抢救得及时，要不她就没命了。

10. 北京春天_____会刮大风。

11. 每天都_____奔_____跑的，这样的生活让他觉得很辛苦。

12. 在姑娘们_____请求下，小伙子们终于同意了带她们一起去滑雪。

13. 开赛以来，他们还没有遇到过_____强大的对手。

14. 赛后总结会上，教练_____："今天的比赛，尽管最后我们失利了，但大家还是尽了力，发挥了我们最好的水平。"

15. 一笔生意就赚了30万，这让张老板_____为得意。

16. 说错一句话，_____不是什么大事，道个歉不就行了？

　　　　（好在　V+道　再三　颇　本　东……西……　如此　往往）

（三）用指定词语回答问题

1. 你最近还是那么忙吗？（如此）

2. 有那么多困难，这个项目还能按期完成吗？（如此）

3. 你不懂他们的语言，你们能沟通吗？（好在）

4. 那天的雨那么大，你们野餐完了是怎么回来的呀？（好在）

5. 他也没准备几天，怎么演讲比赛就得了第三名？（本）

6. 你妹妹不是说也要来看演出吗，为什么没来？（本）

7. 你不是说暑假在姑妈家住一周吗，怎么住了两周？（再三）

8. 他们夫妻俩感情一直不好，最近怎么样了？（再三）

9. 昨晚你们俩在咖啡馆里为什么坐到那么晚？（东……西……）

10. 李林刚结婚就想买那么贵的房子，能借到钱吗？（东……西……）

11. 宿舍里不能做饭，学生们在哪儿吃饭呢？（往往）

12. 那么短的文章，是不是把问题说清楚了？（往往）

13. 他很生气,谁去劝劝他呢? (非……不……)

14. 怎样才能学好一门外语? (非……不……)

15. 他明天一定要走吗? (走定)

16. 他告诉你我们明天几点出发吗? (说定)

(四)根据课文内容判断下列句子的对错

1. 两年多以前,祖母去世了。 （　　）

2. "我"先到徐州看父亲,那时,父亲也失去了工作。 （　　）

3. 在徐州,父亲看着满院的狼藉,不禁流下眼泪。 （　　）

4. 回到家里父亲借钱还了亏空,给祖母办了丧事。 （　　）

5. 办完丧事,父亲为了送"我"也跟"我"一起到了南京。 （　　）

6. "我们"到了南京,父亲本已说好不送"我"上火车,后来却又
改变了主意。 （　　）

7. 那年"我"刚刚 20 岁,从未去过北京。 （　　）

8. "我"的行李太多了,得向车站另外交一笔钱才能上车。 （　　）

9. 在火车站,"我"嫌父亲话说得不漂亮,他说话时"我"一定
要插嘴。 （　　）

10. 上车之后,父亲为"我"找好座位,又再三嘱咐"我"路上小心。
（　　）

11. "我"现在想想,"我"那时很聪明,父亲很迂。 （　　）

12. 为了给"我"买橘子,父亲穿过铁道,爬下站台,又爬上站台,
非常困难。 （　　）

13. 看着父亲艰难地往月台上爬的背影,"我"哭了。 （　　）

14. 等"我"擦干眼泪,他已经在那边买橘子了。 （　　）

15. 父亲把橘子给了"我",还说他要给"我"写信。 （　　）

16. 父亲离开火车站的时候,不让"我"送他。 （　　）

17. 父亲少年出外谋生,一辈子都很不幸,一直对"我"不好。 （　　）

18. 父亲到了老年,看到家里的情况越来越不好,所以很容易
生气。 （　　）

19. 最近两年因为不在一起,所以他对"我"比较好了。 （　　）

20. 读到父亲的来信,"我"想到上次分别时他的背影,希望能早点
儿见到他。 （　　）

（五）根据课文内容回答下列问题

　　1. 为什么两年前的那个冬天，对于"我们"家来说是"祸不单行"的日子？

　　2. 在徐州时，父亲是怎样安慰"我"的？

　　3. 那些日子，家中是怎样的情形？

　　4. "我"为什么在南京停留了一日？

　　5. 父亲已经安排好茶房去送"我"，为什么又踌躇起来？

　　6. 父亲为什么要与脚夫讨价还价？

　　7. 父亲说话时，"我"喜欢怎么做？

　　8. 上了车，父亲为"我"做了什么？又嘱咐"我"什么？

　　9. 为什么"我"说自己那时是"太聪明了"？

　　10. 父亲为什么要穿过铁道，跳下去再爬上去？

　　11. 父亲是怎样爬上那边月台的？

　　12. "我"为什么两次流泪？

　　13. 近几年来，家里的情况怎么样？

　　14. 父亲近年来的心情如何？他对"我"的态度有什么样的变化？

　　15. "我"读父亲来信时，为什么第三次流了泪？

（六）复句练习

1. 将左右两部分连起来，组成一个完整的推断复句，并将左边的序号填在右边的括号里

（1）事已如此　　　　　　　（　　）我们就送一套新版《鲁迅全集》作为给他们的结婚礼物

（2）既然已经瘦了十多斤　　（　　）就不要去那里买东西了

（3）既然他们俩都喜欢文学　（　　）咱们也只好这么办了

（4）既然你不相信那家商场　（　　）就要对孩子的一生负责

（5）既然是全市停电　　　　（　　）你就不必再那么减肥了

（6）既然生了孩子　　　　　（　　）那我们学校当然也就不能用电脑了

2. 根据推断关系,完成下列复句

(1) 你既然已经来了,_____。

(2) 既然天气预报说明天有大雨,_____。

(3) 既然大家再三劝说我原谅他,_____。

(4) 你们既然已经想好了,_____。

(5) 既然只有两张票,_____。

(6) _____,那就按经理的决定办吧。

(7) _____,那你对她一定已经十分了解了。

(8) _____,那他一定是考得不错。

（七）综合运用练习

1. 写出你所知道的跟"父母子女亲情"有关的词汇。对于现在还不会而想学习的词,可以先用母语写出

例词:

(1) 养育　　抚养　　培养　　养活　　惦记……

(2) 孝顺　　分担　　想念　　回报　　感激……

(3) 辛苦　　操劳　　忙碌　　操心　　耐性……

(4) 调皮　　懂事　　乖　　惹是生非　　理解……

2. 说一说,尽量用上刚学的词

(1) 你觉得课文中那位父亲怎么样?

(2) 你觉得课文中那个儿子怎么样?

(3) 在你自己的生活中,你有没有过不理解父母的时候? 为什么?

(4) 你觉得自己的父母伟大吗? 说说你的理由。

(5) 在你的生活中,对你影响最大的人是父亲还是母亲? 为什么?

(6) 你每次出门的时候,父母都去火车站或机场送你吗? 你送过他们吗?

(7) 在你们家,谁承担主要的家庭经济责任? 你觉得父母养家辛苦不辛苦?

(8) 你和父母相处最和谐的是什么时候?

(9) 你和父母之间最大的分歧在哪儿?

(10) "我"写《背影》这篇文章,是想表达自己什么样的感情? 想告诉人们什么?

3. 写一写,尽量用上刚学的词

　　(1) 孩子眼中的父母(比较不同的文化)

　　　　① 父母对子女的责任感

　　　　② 父母对子女的爱心

　　　　③ 父母与子女的沟通

　　　　④ 父母有无自己独立的情感世界

　　　　⑤ 离婚后的父母与子女的关系

　　(2) 父母眼中的子女(比较不同的文化)

　　　　① 子女对于父母的重要性

　　　　② 子女对父母的孝顺

　　　　③ 子女与父母的沟通

　　　　④ 子女可否有自己独立的空间与情感世界

　　　　⑤ 子女对于父母离婚的影响

四. 阅读·会话·听力

阅读

儿女常回家看看

　　近年来,一首名叫《常回家看看》的歌曲,传遍了中国,成为最受人们喜爱的流行歌曲之一。这首歌提醒人们一个非常重要的问题:作为子女,你关心你家里的老人吗? 关心他们的生活、他们的心情、他们的困难……吗?

　　夏大爷的老伴十几年前就已经去世了,他惟一的女儿又远在上海工作。这位八十岁的老人只能独自一人住在西安一个小区的二层楼上。一天早上,他突然晕倒了。醒来以后,他想站起来,但就是没有力气,也打不了电话,甚至喊不出声来……他心里明白,如果一天没有人来敲门找他，他就只有等待死亡。他能清楚地听到门外人们的脚步声，他多么希望那脚步能停下来！可是脚步声总是由近到远，一次又一次……到了晚上，奇迹终于出现了：女儿开门走了进来。他做梦也没有想到，半年没有见面的女儿这天恰巧出差到了西安。

像夏大爷这样的"空巢家庭"，现在在中国越来越多了，已经成为人们非常关注的社会问题。不久前，还发生过这样一件事情，70多岁的王老师把自己的三个儿女告上了法庭，她并不是向儿女们要赡养费，而是要他们常回家看看。

王老师生有两个儿子、一个女儿，都已结婚成家了，跟老人分开住。老人每月可领取1000多元的退休金，住着一套三居室的房子，身体也还算好，还能照顾自己的生活。因此，在外人看来，她的生活可以算是十分幸福了。然而，不久前，王老师将三个子女告到了法庭，要求三个子女履行赡养义务。当三个子女知道这件事时，他们非常吃惊。儿女们认为："老母亲不愁吃，不愁穿，为什么把我们告上法庭？"

在法庭上，王老师说出了自己的心里话。她说，我告三个孩子并不是为了向他们要钱，我惟一的要求就是让他们常回家看看我，陪我聊聊天。老伴刚去世时，他们还经常回来，后来，来的次数就越来越少了，两三个月来一次。往往是没说几句话就走了。我心里特别不是滋味，我害怕孤独，因此，希望他们能够陪陪我。三个子女听完老人的话后，都流下了眼泪。他们对法官说，我们工作都很忙，还要辅导孩子学习，所以去的时间很少，而且我们总认为母亲什么都不缺，平时打个电话问候一下就可以了，忽略了与老人的交流。三个子女当着法官的面向母亲道歉，并商定，每月用一定的时间跟老人在一起。保证让老人过一个幸福的晚年。老人听了，笑道："法官，我不告了。"他们一家人高高兴兴地回家了。

法官也满意地笑了。他提醒那些工作很忙又跟父母分开住的子女们，一定要"常回家看看"。

补充生词

1. 奇迹	N	qíjì	miracle; marvel
2. 恰巧	Adv	qiàqiǎo	by chance
3. 空巢家庭		kōngcháo jiātíng	family of aged parents living by themselves
4. 赡养	V	shànyǎng	to support; to provide for
5. 告	V	gào	to accuse; to sue
6. 法庭	N	fǎtíng	court; courtroom
7. 履行	V	lǚxíng	to carry out; to fulfil
8. 不是滋味		bú shì zīwèi	to feel bad; to be upset
9. 孤独	A/N	gūdú	lonely; loneliness
10. 缺	V	quē	to be short of; to lack
11. 忽略	V	hūlüè	to ignore; to neglect
12. 提醒	V	tíxǐng	to remind; to call attention to

阅读练习

1. 快速阅读一遍短文内容,并判断下列句子的对错

    (1) 80 岁的夏大爷跟他惟一的女儿住在一起。　　　　　　　　(　　)

    (2) 夏大爷最后是因为他女儿回来才得救的。　　　　　　　　(　　)

    (3) 不久前,70 多岁的王老师上法庭打官司,她告自己的儿子和女儿。　　　　　　　　　　　　　　　　　　　　　　　(　　)

    (4) 王老师告儿女们不给她赡养费。　　　　　　　　　　　　(　　)

    (5) 王老师的两个儿子和一个女儿结婚后都住在家里。　　　　(　　)

    (6) 王老师有退休金,有房子,身体也很好,生活十分幸福。　　(　　)

    (7) 三个子女开始不知道母亲为什么要告他们。　　　　　　　(　　)

    (8) 王老师对子女们的惟一要求是希望他们常回来看看她。　　(　　)

(9) 王老师的老伴去世之后，孩子们就很少回来看她了。　　（　　）

(10) 王老师告子女的原因是她平时一个人吃饭没滋味，很害怕。

　　　　　　　　　　　　　　　　　　　　　　　　　　（　　）

(11) 子女们没经常去看望母亲，也有他们的原因。　　　　（　　）

(12) 最后，子女们向母亲道了歉，母亲也原谅了他们。　　（　　）

2. 再阅读一遍短文内容，简单回答下面的问题

　　(1) 那天夏大爷家发生了什么事情？

　　(2) 王老师退休以后生活得幸福吗？

　　(3) 王老师为什么把儿女们告上了法庭？

　　(4) 儿女们听了母亲对法官的谈话以后有什么感想？

　　(5) 法官为什么满意地笑了？

会话

核心家庭的问题

马：现在年轻人结婚以后，还跟父母住在一起吗？

陆：这很难说，因为现在的情况和过去不一样。

马：过去是什么样？

陆：过去一般都是大家庭，儿子结婚以后还和父母住在一起。父母老了，身边有儿子照顾；要是儿子有了孩子，父母也可以帮着照顾一下。人们常称赞"四世同堂"是幸福之家。

马：现在呢？

陆：现在的情况不同了，越来越多的年轻人结婚以后希望有自己的小家庭，也就是核心家庭。他们不太喜欢跟父母住在一起。

马：这和西方差不多。

陆：这样一来，也就有新的问题了。

马：什么问题呢？

陆：有的老人感到很孤独，因为子女不能常来看他们。

马：为什么呢？

陆：子女们工作忙，要操持家务，还要照顾孩子，有时就忽略了和老人的交流。因此，有位母亲还把子女告上了法庭。

马：真的吗？

陆：这是我写的一篇报道，你看看。

补充生词

1. 难说	V	nánshuō	hard to say
2. 四世同堂		sìshì tóng táng	four generations under one roof
3. 核心	N	héxīn	core; nucleus
4. 这样一来		zhèyàng yì lái	in this way
5. 操持	V	cāochí	to handle; to manage
6. 忽略	V	hūlüè	to ignore; to neglect

会话练习

1. 分角色朗读。

2. 讨论题：核心家庭和照顾父母有矛盾吗？

听力

爱心感动了老人

补充生词

1. 养老院	N	yǎnglǎoyuàn	senior citizens' home
2. 别墅	N	biéshù	villa
3. 拍卖	V	pāimài	to auction

4. 起价	N	qǐjià	first call（in an auction）
5. 炒(作)	V	chǎo(zuò)	to speculate; to promote
6. 忧愁	A	yōuchóu	worried; depressed; sad
7. 诚恳	A	chéngkěn	sincere; honest
8. 挥手		huī shǒu	to wave（one's hand）

听力练习

1. 听录音并根据录音内容判断下列句子的对错

　　(1) 有位老人有五个儿女,但他自己身体很差。　　　　　　(　　)

　　(2) 老人去养老院生活以前,决定要卖掉自己的别墅。　　　(　　)

　　(3) 那所别墅很有名,因此来买的人很多。　　　　　　　　(　　)

　　(4) 开始老人想卖 10 万英镑,后来又降到 8 万英镑。　　　(　　)

　　(5) 别墅的价钱往上升的时候,老人不再忧愁了。　　　　　(　　)

　　(6) 老人卖别墅是因为他需要钱用。　　　　　　　　　　　(　　)

　　(7) 有位青年人也想买那所别墅,但他只有 1 万英镑。　　　(　　)

　　(8) 青年人想当老人的儿子。　　　　　　　　　　　　　　(　　)

　　(9) 老人的爱感动了青年人。　　　　　　　　　　　　　　(　　)

　　(10) 青年人最后成了别墅的新主人。　　　　　　　　　　　(　　)

2. 听录音后回答下列问题

　　(1) 老人为什么要卖掉别墅去住养老院?

　　(2) 拍卖别墅的起价是多少?

　　(3) 别墅的拍卖价升到多少万?

　　(4) 那个年轻人只有一万英镑,他为什么买到了老人的别墅?

十八年的秘密

一.课 文

　　1998 年 5 月，我正在紧张地准备参加高考，妈妈突然病了，而且病得很厉害。她住进了医院。父亲是青年报的总编辑，工作十分忙。但无论多忙，他都要亲手做鸡汤、炒妈妈最喜欢吃的菜送到医院。我被父亲对妈妈的爱感动了。也许，在别人的眼里，妈妈没有什么文化，是个普通女工，她跟爸爸很不般配。但是，我只知道，无论他们之间的差距有多大，他们都深深地相爱着。我只知道我们家是世界上最幸福的。

　　然而，这种幸福感却在一个阳光灿烂的下午一下子都没了。那天我和同学陈丽去书店买书。我偶然向路旁的酒吧看了一眼，但看到的情景让我惊呆了，要不是亲眼看见，说什么我也不会相信：父亲坐在酒吧里，跟他对面而坐的是一个 40 多岁穿着入时的女人。那女人一只手用手帕擦眼睛，另一只手却放在父亲的手里！陈丽也看见了，她轻轻地说道："艺艺，是你爸爸，他和一个女人在一起。"

　　从此，我就不理父亲了。他依旧每天来医院，依旧每次来去匆匆。不管他怎样关心妈妈和我，我都坚守自己的原则——不理他。我对父亲的冷淡连妈妈也看出来了。一天晚上，父亲不在，妈妈看了我很久才说："艺艺，如果有一天妈妈真的离开了你，你要答应妈一件事，不管发生什么，都要永远爱你爸爸。"

在我7月高考后，妈妈永远地离开了我。妈妈走了，父亲也瘦了，他变得沉默寡言了。谁都看得出他心里是多么悲痛。但我仍然不理他，把自己关在房间里。

妈妈去世两个星期后，一个下午，父亲早早地回来了，看见我就说："艺艺，我要和你谈谈。你是不是一直在生爸爸的气？"我低着头坐着。这时候，桌上的电话响了，我顺手拿起话筒。"请问于先生在吗？"是找父亲的。我明白了，肯定是那个女人。我把话筒放在桌上，站起来瞪大眼睛看着父亲。

父亲很快接完了电话，似乎想到了什么，对我说："艺艺，这是爸爸多年前的一位好朋友，半年前刚从美国回来，她说有机会想认识你。"我没有吭声，又把自己关进了房间里。

不久，我接到了北京大学的录取通知书。当时，我宁可很快离开这个家，也不愿意再见到父亲。我提着简单的行李就坐上了去北京的火车。到北京以后，父亲常常给我写信，但我一封也没有回过。

时间过得真快，一晃，第一个学期就结束了。一天上午，门卫敲开了我的门，说是一个男人托他将一封信交给我。

我拆开了信，居然又是父亲写的：

"艺艺，我知道你一直不想见爸爸，也不愿给爸爸回信，可爸爸没有一天不想你。也许你对我的误会太深，才这样冷淡。艺艺，爸爸一直在想，要不要把你妈妈去世前写的一封信给你看。因为这封信会揭开我和你妈妈苦心隐藏了 18 年的秘密。我怕那秘密会使你难过，才迟迟不让你知道。艺艺，爸爸真的很想你，所以爸爸终于到北京来了。爸爸要对你说：你永远是爸爸惟一的女儿。"

信封里确实还有一封折得整整齐齐的信，是妈妈写的。她写道：

19 年前，一个年轻军人告别新婚的妻子去了边防前线。那时候，父亲是一名记者。一天，父亲像往常一样去边防阵地采访。哪知，正在他照相的时候，一块很大的石头从山上滚了下来，就在这千钧一发的时刻，那个年轻的军人扑到父亲的身上。父亲只受了点轻伤，而奋不顾身抢救你父亲的年轻军人却牺牲了。

两个月后，父亲从边防前线返回来了。他带着年轻军人的遗物，在重庆见到了那位军人的妻子。那时，她快要生孩子了，可她从小就是孤儿，身边没有一个亲人。看着她那凄凉的情景，父亲决定留在重庆照顾她，不再回西安。孩子很快就生下来了，是个女孩。两个月后，父亲就和恩人的妻子结了婚。

读到这里我明白了，同时也惊呆了。恩人的妻子就是妈妈，女儿就是我，那个舍己救人的年轻军人才是我的父亲，现在的爸爸只是我的养父！

妈妈继续写道：

"艺艺，还要告诉你一件事情，这是我跟你爸爸结婚两年以后才知道的。你爸爸在和我结婚以前，已有女朋友了，是他的大学同学。他们爱得很深，本来也准备回西安结婚，可由于你爸爸的放弃，她痛苦地去了美国。后来她才知道你爸爸离开她的原因。18 年来，她一直没有忘了你爸爸，但他们的友谊是纯洁的。其实，你对爸爸的误会，我们早就从陈丽那里了解到了。可是你爸爸不让我说，怕影响你参加高考。我快要离开你们了，才决定写这封信……"

信还没有看完，我就哭喊道："爸爸，我错了，我会永远爱您的。"

（原文题目为"父亲的秘密"，作者：夏艺艺，本文有删改。）

生词

1. 秘密	N	mìmì	secret
2. 高考	N	gāokǎo	university entrance examination
3. 总编辑	N	zǒngbiānjí	editor-in-chief
4. 亲手	Adv	qīnshǒu	with one's own hands
5. 般配	A	bānpèi	to be well matched (as in marriage)
6. 灿烂	A	cànlàn	magnificent; splendid; bright
7. 偶然	A	ǒurán	accidental; by chance
8. 惊呆	V	jīngdāi	stunned; surprised
呆	A	dāi	slow-witted; silly
9. 穿着	N	chuānzhuó	apparel; dress
10. 入时	A	rùshí	fashionable
11. 手帕	N	shǒupà	handkerchief
12. 理	V	lǐ	to pay attention to; to acknowledge

13. 依旧	Adv	yījiù	as before; as usual; still
14. 坚守	V	jiānshǒu	to stick to; to hold one's ground
15. 原则	N	yuánzé	principle
16. 冷淡	A	lěngdàn	cold; indifferent; to treat coldly
17. 答应	V	dāying	to consent to; to promise
18. 永远	Adv	yǒngyuǎn	always; forever
19. 沉默寡言		chénmò guǎ yán	taciturn; reticent; of few words
沉默	A	chénmò	taciturn; silent
20. 悲痛	A	bēitòng	grieved; sorrowful
21. 去世	V	qùshì	to die; to pass away
22. 响	V	xiǎng	to make a sound
23. 顺手	Adv	shùnshǒu	conveniently; to do sth. as a natural sequence; handy
24. 话筒	N	huàtǒng	microphone; transmitter
25. 似乎	Adv	sìhū	as if; seem to
26. 吭声		kēng shēng	to utter a sound
27. 录取	V	lùqǔ	to enroll; to admit
28. 宁可	Adv	nìngkě	would rather
29. 一晃	Adv	yíhuàng	(of time) pass in a flash
30. 学期	N	xuéqī	term; semester
31. 结束	V	jiéshù	to end; to finish
32. 门卫	N	ménwèi	entrance guard
卫	V	wèi	to defend; to guard; to protect

33. 误会	V/N	wùhuì	to misunderstand; misunderstanding
34. 揭	V	jiē	to lift
35. 苦心	N	kǔxīn	pains
36. 隐藏	V	yǐncáng	to conceal; to hide
藏	V	cáng	to hide; to conceal
37. 信封	N	xìnfēng	envelope
38. 折	V	zhé	to fold
39. 军人	N	jūnrén	armyman; serviceman
军	N	jūn	army; corps
40. 告别		gào bié	say good-bye
41. 边防	N	biānfáng	frontier defence
防	V	fáng	to defend; to guard against
42. 前线	N	qiánxiàn	frontline; front
43. 往常	N	wǎngcháng	in the past; fomerly
44. 阵地	N	zhèndì	position; front
45. 石头	N	shítou	stone; rock
46. 滚	V	gǔn	to roll
47. 千钧一发		qiān jūn yí fà	a hundred weight hanging by a hair; in imminent peril
钧	M	jūn	*ancient unit of weight* (equal to 15 kilos)
发	N	fà	hair
48. 轻伤	N	qīngshāng	slight (or minor) wound
49. 奋不顾身		fèn bù gù shēn	to dash ahead regardless of one's safety

50. 抢救	V	qiǎngjiù	to rescue; to salvage
	救	V	jiù	to save; to rescue
51. 牺牲	V	xīshēng	to sacrifice; to give up
52. 返回	V	fǎnhuí	to return; to come or go back
	返	V	fǎn	to return
53. 遗物	N	yíwù	things left behind by the deceased; relic
	遗	V	yí	to leave behind; to lose
54. 孤儿	N	gū'ér	orphan
55. 亲人	N	qīnrén	one's family member; dear one
56. 凄凉	A	qīliáng	dreary; miserable
57. 恩人	N	ēnrén	benefactor
	恩	N	ēn	favor; grace; kindness
58. 同时	Conj	tóngshí	at the same time
59. 舍己救人		shě jǐ jiù rén	to save sb. else' life at the risk of one's own
	舍	V	shě	to abandon; to give up
60. 放弃	V	fàngqì	to abandon; to give up
	弃	V	qì	to discard; to throw away
61. 痛苦	N	tòngkǔ	pain; suffering
62. 纯洁	A	chúnjié	pure
63. 重庆	PN	Chóngqìng	Chongqing (name of a city)

二. 语 法

（一）短语组合

1. 隐藏 [~宾]   ~秘密   　　~财产   　　~材料
   [~补]   ~得很好   　　~起来   　　~了很久
   [状~]   永远~   　　偷偷地~   　　亲手~
   [~中]   ~的东西   　　~的地方   　　~的方法

2. 冷淡 [状~]   对他~   　　渐渐~   　　依旧~   　　如此~
   [~补]   ~得厉害   　　~得很   　　~点儿
   [~中]   ~的样子   　　~的态度   　　~的关系

3. 答应 [~宾]   ~(我们的)要求   　　~朋友   　　~(这个)条件
   [状~]   似乎~   　　基本~   　　勉强~
   [~补]   ~过一次   　　~得很好

4. 结束 [~宾]   ~晚会   　　~工作   　　~假期
   [状~]   胜利地~   　　立即~   　　基本~
   [~补]   ~得很快   　　~得很顺利   　　~不了
   [~中]   ~的时间   　　~的方式   　　~的原因

5. 告别 [~宾]   ~亲人   　　~朋友   　　~北京
   [~补]   ~得太早   　　~一下   　　~一声
   [状~]   再三~   　　跟朋友~   　　向大家~   　　痛苦地~
   [~中]   ~的时间   　　~的地点   　　~的形式

6. 采访 [~宾]   ~明星   　　~总经理   　　~电脑专家
   [~补]   ~了一天   　　~多次   　　~下去
   [状~]   偶然~   　　单独~   　　公开~   　　认真地~
   [~中]   ~的对象   　　~的记者   　　~的地点

7. 抢救 [~宾]   ~病人   　　~财产   　　~货物
   [~补]   ~一天一夜   　　~了两三次   　　~成功

[状~]	立即~	积极~	如何~
[~中]	~的结果	~的经过	~人员
8. 放弃 [~宾]	~主张	~权利	~婚姻
[状~]	完全~	坚决~	部分地~

（二）词语例解

1. 亲手做鸡汤

"亲"是"亲自"的意思,常与表示人体器官的某些名词,如"眼、耳、口"等结合在一起,构成副词"亲手、亲眼、亲耳、亲口"等。修饰动词时,表示动作从某人的某个部位发出。例如:

(1) 他把亲手种的蔬菜做给我们吃。

(2) 这事是她亲眼看见的。

(3) 老师亲口对我说的。

(4) 你可以亲口尝一尝。

(5) 我们亲耳听他在宿舍里说的。

2. 偶然向路旁的酒吧看了一眼

形容词"偶然"表示不是经常的,与"必然"相反。例如:

(1) 我偶然向路旁的酒吧看了一眼。

(2) 在去学校的路上,我偶然碰上他了。

(3) 一次偶然的机会,我认识了他。

(4) 他的口语成绩那么好不是偶然的。

3. 要不是亲眼看见

连词"要不是",提出一种与实际情况相反的假设,多用于口语。例如:

(1) 要不是亲眼看见,说什么我也不会相信。

(2) 要不是下雨,我们早就走到了。

(3) 要不是你的帮助,他的口语不会进步得这么快。

4. 跟他对面而坐

连词"而"是从古代汉语留下来的虚词,多用于书面语。它的用法很多,这里"而"是把表示"目的、原因、方式、状态"等的词语连接到动词前边作修饰,动词常常是单音节的。例如：

    (1) 一个 40 多岁穿着入时的女人跟父亲对面而坐。

    (2) 河水滚滚而来。

    (3) 她一句话也没有说，匆匆而去。

5. 依旧每天来医院

    副词"依旧"表示某种行为或状态跟原来一样，没有变化。多用于书面语。例如：

    (1) 他依旧每天来医院，依旧每次来去匆匆。

    (2) 已经是夜里 12 点了，宋华依旧坐在灯下看书。

    (3) 进城六十多年了，别人都搬过几次家了，张先生依旧住在南街 58 号。

6. 似乎想到了什么

    副词"似乎"有"好像"的意思。例如：

    (1) 他似乎想到什么。

    (2) 那位先生，我似乎在哪儿见过他。

    (3) 今天讲的语法，大多数同学似乎都听懂了。

7. 一晃，第一个学期就结束了

    "一晃"有"很快"的意思。常用于形容时间过得很快。例如：

    (1) 一晃第一个学期就结束了。

    (2) 一晃我来北京快两年了。

    (3) 毕业以后，一晃就是五年，什么成绩都没做出来。

8. 像往常一样去边防阵地采访

    "往常"是时间名词，指过去的、平常的日子。常用作状语。例如：

    (1) 往常他总是第一个到学校，不知为什么今天还没来？

    (2) 我们往常都在这家饭馆请客。

    (3) 父亲像往常一样，六点半就起床了。

（三）句子结构

宁可……，也不……

复句"宁可……也不……"表示比较两方面的利害得失，"宁可"是选取的一方，"也不"是舍弃的一方。例如：

（1）我宁可很快离开这个家，也不愿意再见到父亲。

（2）他宁可自己累点儿，也不给别人增加麻烦。

（3）宁可站着死，也不愿跪着生。

（四）复句与句群：让步转折关系（2）

1. 让步转折复句(2)

让步转折复句可分四类，第56课已讲了 A、B 两类，本课再讲后两类。

C. 在任何条件下，结果或情况都不会改变。这类复句的主要标志是"无论……都/也……"或"不管……都/也……"，例如：

（1）无论下多大雨，我都去。

（2）但无论多忙，他都要亲手做鸡汤、炒妈妈最喜欢吃的菜送到医院。

（3）我只知道，无论他们之间的差距有多大，他们都深深地相爱着。

（4）不管他怎样关心妈妈和我，我都坚守自己的原则。

（5）不管发生什么，都要永远爱你爸爸。

D. 为达到某种目的或避免出现某种情况，愿意退一步做出一种并不理想的选择。这类复句的主要标志是"宁可……也……"。例如：

（6）我宁可很快离开这个家，也不愿意再见到父亲。

（7）宁可少睡一点儿觉，也要多读一些书。

（8）他宁可做得慢一些，也要做得好一些。

（9）我宁可饿死，也不吃你的饭。

2. 表示让步转折关系的紧缩句

有的紧缩句中有"谁、什么、怎么"等疑问词，表示任指意义，隐含"无论……也……"的意思。例如：

（1）他说什么也不去。　　　　　　　　（无论你说什么，他都不去。）

（2）(有人送给他礼物，)他怎么说也不收。　（无论你怎么说，他也不收。）

（3）谁说他也不去。　　　　　　　　　　（无论谁来劝说，他也不去。）

有的紧缩句隐含"宁可……也……"的意思。例如：

  (4) 我饿死也不吃。   (宁可饿死,也不吃。)

  (5) 打死我也不说。   (宁可被打死,也不说。)

3. 让步句群(二)

  下面的句群都可以分成两部分,其中①用于陈述事实或描述行动,但②所描述的行动或态度却不受①的影响。

  (1) ①父亲也瘦了,他变得沉默寡言了。谁都看得出他心里是多么悲痛。②但我仍然不理他,把自己关在房间里。

    (基本结构: 尽管父亲很悲痛,但我也不理他。)

  (2) ①父亲早早地回来了,看见我就说:"艺艺,我要和你谈谈。你是不是一直在生爸爸的气?"②我低着头坐着。

    (基本结构: 不管爸爸说什么,我都总是低着头不说话。)

  (3) ①父亲很快接完了电话,似乎想到了什么,对我说:"艺艺,这是爸爸多年前的一位好朋友,半年前刚从美国回来,她说有机会想认识你。"②我没有吭声,又把自己关进了房间里。

    (基本结构: 尽管爸爸对我作了解释,我还是不理他。)

  (4) ①"艺艺,我知道你一直不想见爸爸,也不愿给爸爸回信,可爸爸没有一天不想你。②爸爸要对你说:你永远是爸爸惟一的女儿。"

    (基本结构: 无论你是什么态度,爸爸都要对你说这句话。)

三. 练 习

(一) 给下列汉字注上拼音并组成词或短语

  灿   帕   寡   吭

  掀   掩   滚   孤

(二) 选词填空

  1. 那件事我虽然没有_____看见,但是是他_____告诉我的。

  2. _____我_____听见大刘那么说你,我也不会相信啊!

3. 毕业后_____就是半年，正式的工作还没有找到。

4. _____十年不见，我的老同学们_____都没有很大变化。

5. 参加比赛的有五六个队，大家都是做了很好的准备_____来的。

6. 那天_____雨下得太大了，我们一定会像_____一样爬到山顶。

7. 虽然发生了很大的变化，但那里的人们_____十分热情。

8. _____我在路上_____遇到班长，我现在还不知道这个消息呢！

9. _____他的成绩都很好，可是这次高考却考坏了。

10. 这棵树是他去年_____种的，现在已经这么高了。

（亲口　亲眼　亲耳　亲手　偶然　要不是　……而……　依旧　似乎　往常　一晃）

（三）用指定词语完成对话

1. A：这件衣服怎么这么合身？你在哪儿买的？
   B：这可不是买的，是_____。（亲手）

2. A：刘刚要出国留学的消息是谁告诉你的？
   B：不是别人告诉我的，是_____。（亲口）

3. A：听说张大姐的眼睛前一阵出了问题？
   B：是啊。很危险，_____。（要不是）

4. A：你最近怎么样？
   B：还是老样子，_____。（依旧）

5. A：你们商场努力的目标是什么？
   B：顾客就是我们的上帝，应该让他们_____。（……而……）

6. A：他是不是每次都考得这么好？
   B：他平常其实成绩很一般，_____。（偶然）

7. A：今天她怎么这么晚还没来？
   B：是啊，我也觉得很奇怪，_____。（往常）

8. A：今天讲的语法，你都懂了吗？
   B：_____。（似乎）

（四）根据课文内容，判断下列句子的对错

1. "我"在准备高考的时候，因为紧张而突然病了。　　　（　　）
2. 父亲每天无论多忙，都要亲手做饭送到医院去。　　　（　　）
3. 父亲是报社的总编辑，妈妈也读过很多书。　　　（　　）
4. 一天下午，"我"发现父亲跟一个女人在一起，还拉着她的手。

　　（　　）
5. 那个女人说有机会想认识"我"，"我"也想知道她是怎样一
　 个人。　　　（　　）
6. "我"想很快地离开家，不愿意跟父亲生活在一起。　　　（　　）
7. 爸爸写给"我"的信中，说出了父母隐藏了 18 年的一个秘密。

　　（　　）
8. 原来是那位牺牲了的军人救了"我"的生父。　　　（　　）
9. 父亲本来准备回重庆结婚的，结果却来了西安。　　　（　　）
10. "我"见到的跟父亲拉手的女士，就是父亲本来打算结婚的

　　 女友。　　　（　　）

（五）根据课文内容回答下列问题

1. 十八年来，"我"的家庭一直是个怎样的家庭？
2. "我"为什么忽然对父亲冷淡起来？
3. "我"高考之后，家里出了什么事？"我"对父亲的态度改变了吗？
4. 谁打电话找于先生？她跟父亲是什么关系？
5. "我"为什么很快就去了北京？
6. 在母亲去世前写给"我"的那封信里，讲了一个什么样的故事？
7. 父亲、母亲和跟父亲拉手的女人到底是一种什么样的关系？

（六）复句练习

1. 将左右两部分连起来，组成一个完整的让步复句，并把左边的序号填在
　 右边的括号里
　（1）宁可一夜不睡　　　　　　（　　）我都坚持自己的原则
　（2）无论是什么样的朋友来求我（　　）也决不放弃阵地
　（3）无论学生们提出什么要求　（　　）我也要看完世界杯的决赛

（4）战士们下了决心，宁可战死　　　（　）也不进厨房学着做饭

（5）他怕费事，宁可顿顿吃方便面　　　（　）也不要闯红灯发生交通意外

（6）宁可在路口等上几分钟　　　（　）老师都会认真考虑

2. 选择"无论……也/都……"或"宁可……也……"完成复句

（1）_____多么饿，我_____要先把作业写完。

（2）_____一晚上不睡觉，他_____要写完那份材料。

（3）她一直相信爱情，_____永远不结婚，_____不会嫁给一个自己不
爱的人。

（4）_____父母同意不同意，我_____要学习音乐。

（5）_____父母之间发生什么，我_____会永远爱他们的。

（6）他很怕跟不认识的人说话，_____多走路，_____不问路。

（七）综合运用练习

1. 写出你知道的跟"婚姻"有关的所有词汇。对于现在还不会而想学习的
词，可以先用母语写出。

例词：

（1）谈恋爱　订婚　结婚　度蜜月　分居　离婚　复婚　再婚……

（2）初恋　　爱情　忠诚　纯洁　　老实　白头偕老……

（3）第三者　外遇　相好　情人……

（4）婚外情　出轨　插足　偷情　　约会　隐瞒　怀疑
移情别恋……

2. 说一说，尽量用上刚刚学会的词

（1）如果你是课文中的父亲，你会娶自己恩人的妻子吗？

（2）如果你是课文中的"我"，发现了父亲的隐私，你会怎么做？

（3）"我"为什么不把自己看到的情况告诉母亲？

（4）你觉得像"我"的父母这样的家庭，会很幸福吗？说说你的理由。

（5）你怎么看那些有外遇或者"婚外情"的人？

（6）你觉得现代社会中离婚率不断上升的原因是什么？

（7）你认为，婚姻都是爱情的结果吗？

3. 写一写,尽量用上刚刚学会的词

　　(1) 婚外情(比较不同的文化)

　　　　① 哪些人群容易发生

　　　　② 婚外情的方式(如婚外同居、偶尔约会、书信往来、网上交流等)

　　　　③ 男女对待婚外情的不同态度

　　　　④ 父母对待子女婚外情的态度

　　　　⑤ 婚外情的结果

　　(2) 个人隐私(比较不同的文化)

　　　　① 子女对于父母隐私的态度

　　　　② 父母对于子女隐私的态度

　　　　③ 夫妻之间对待彼此隐私的态度

　　　　④ 大众对待婚前同居的态度

　　　　⑤ 大众对待非婚生子的态度

四. 阅读·会话·听力

阅读

不知谁送的

　　秋月工作的单位很大,有几千人。秋月在单位里经常听到,谁是谁的情人,或者某某也有情人的绯闻。开始,秋月感到很新鲜。听多了,她就觉得无聊了。一天,一位同事跟秋月开玩笑说:"你老公那么帅,有没有情人呀?"秋月脸一红,说:"去你的,我老公才不是那样的人。"秋月嘴上那么说,心里却把它当回事,不禁暗想,老公手中有点儿权,口袋里又有点儿钱,属于帅哥的那种男人,他会不会有情人呢?

　　周末晚上,吃着饭,秋月问他老公:"家英,你有没有情人?"

　　"没有。"

　　"像你这种男人没有情人,谁相信?"

"别人信不信没关系。只要你信就行。"

秋月听了，心里像喝了蜜一样的甜。但是，她不知老公说的是不是实话。

情人节那天，鲜花店的人给家英送来一束红玫瑰。花里有一张明信片，上面写着："情人节快乐！"但没有署名，只写着："一个默默爱着你的人"。家英的同事们笑着问："是哪位情人送来的？"家英站在那里，不知说什么好。他也感到很奇怪，这花是谁送的？这事要是传到老婆那里，她会怎么想？

家英下班回家，他一进门，秋月就问："今天是情人节，你收到别人送的鲜花没有？"

家英小声地回答："没有。"

秋月又大声地问道："真的没有？"

家英只好老老实实地说："收到了一束红玫瑰，但不知是谁送的。说实在的，我本不想告诉你，怕你产生怀疑。既然你已经问到我，也就只好说了。"

秋月微笑着说："这还算老实。我的帅哥，告诉你吧，红玫瑰是我送给你的。我想给你一个惊喜。"

家英高兴地说："天哪，一整天我都在'惊喜'。"

补充生词

1. 绯闻	N	fēiwén	sex scandal; amorous affair
2. 无聊	A	wúliáo	bored; senseless; silly
3. 默默	Adv	mòmò	silently
4. 权	N	quán	authority; power
5. 蜜	N	mì	honey; sweet
6. 实话	N	shíhuà	truth
7. 玫瑰	N	méiguī	rose

8. 老实	A	lǎoshi	honest; frank
9. 秋月	PN	Qiūyuè	Qiuyue (name of a person)
10. 家英	PN	Jiāyīng	Jiaying (name of a person)

阅读练习

1. 快速阅读一遍短文内容,并判断下列句子的对错

(1) 秋月在单位经常可以听到关于自己老公家英的消息。　　　(　　)

(2) 秋月对老公一点儿也不担心。　　　(　　)

(3) 秋月的老公是那种有钱有权又有貌的男人。　　　(　　)

(4) 秋月相信家英没有情人。　　　(　　)

(5) 情人节那天,家英的情人给他送去一束红玫瑰。　　　(　　)

(6) 家英自己也不知道那束花到底是谁送的。　　　(　　)

(7) 在秋月的追问下,家英没敢说出实话。　　　(　　)

(8) 家英是从秋月那儿知道送花的人是谁的。　　　(　　)

2. 再阅读一遍短文内容,回答下面的问题

(1) 在秋月的单位,经常有什么样的绯闻?

(2) 有一天,同事跟秋月开了个什么玩笑? 她为什么把那个玩笑当回事了?

(3) 当秋月向丈夫提起这件事时,丈夫是怎么回答她的?

(4) 秋月听了丈夫的回答,心中是什么样的感觉?

(5) 情人节那天,家英收到了一份什么礼物?

(6) 家英知道礼物是谁送的吗? 他心里是怎么想的?

(7) 礼物到底是谁送的呢? 为什么要送?

《梁山伯与祝英台》(戏曲选段)

人物：梁山伯　男　17 岁　学生

祝英台　女　16 岁　女扮男装的学生

四九　　男　15 岁　梁山伯的书童

银心　　女　15 岁　祝英台的女仆，女扮男装

四九：好热，相公，这儿离杭州城还有多远？

梁：　还有十八里，歇会儿吧！

四九：看人家三五成群的，多热闹啊！咱们，就两人，要是有个伴该多

好。喂！你们到哪儿去呀？我们是到杭州城念书去的。

银心：啊！你去念书。

四九：不，是我们相公。

银心：那好极了，我们也是到杭州城去念书的。小姐——

祝：　小姐在家里，你提她干嘛！

银心：我是想小姐如果能跟我们一块儿出来念书，那多好啊！

祝：　是啊！

梁：　这位仁兄请了。

祝：　请。

梁：　请问仁兄也是到杭州城去读书吗？

祝：　是的，仁兄也是？

梁：　是的，请问尊姓大名。

祝：　小弟姓祝，叫祝英台。

梁：　喔！祝兄。

祝：　不敢。还没请教……

梁：　我叫梁山伯，我们路上相逢，真是有缘。

祝：仁兄多指教。

梁：哪里哪里，听这位小哥说，您家里还有位小姐也想念书。

祝：仁兄您不知道，家中小妹喜欢读书写文章，可是父亲不同意她跟我一起去杭州城上学。

梁：男女应该平等，不让女子上学有点儿不近人情。

祝：我以为天下男子都一样，难得仁兄为女子抱不平。

梁：小弟有话不便开口。

祝：请直说。

梁：那我就直说了。要是您不嫌弃，我想跟您结拜为兄弟。

祝：我们有缘在这里结拜，从此我们可以像亲兄弟一样在一起学习。可是没有香烛，怎么办？

梁：没关系，我们插柳为香。请问仁兄今年多大？

祝：我十六，你呢？

梁：十七。

祝：我敬你为兄。

梁：我爱你如弟。

补充生词

☆1. 书童	N	shūtóng	page-boy	
☆2. 女仆	N	nǚpú	female servant	
☆3. 相公	N	xiànggong	a term of address for a young man of a rich or cultured family in feudal China	
☆4. 仁兄	N	rénxiōng	(used to address one's senior friend) elder brother; my dear friend	
5. 相逢	V	xiāngféng	to come across; to meet	

6. 有缘	A	yǒuyuán	be predestined
7. 指教	V	zhǐjiào	(polite term) to give advice or comments
8. 人情	N	rénqíng	human feelings; personal relations
9. 抱不平	V	bàobupíng	be ready to intervene on behalf of an injured party
☆10. 结拜	V	jiébài	become sworn brothers or sisters
☆11. 香烛	N	xiāngzhú	joss sticks and candles

会话练习

1. 分角色朗读。

2. 回答问题:

    (1) 梁山伯对男女读书的问题有什么看法?

    (2) 他们为什么要结拜为兄弟?

    (3) 祝英台为什么要女扮男装去杭州读书?

听力

分　手

补充生词

1. 分手		fēn shǒu	to part
2. 离婚		lí hūn	to divorce
3. 残酷	A	cánkù	cruel
4. 痛快	A	tòngkuài	direct; straightforward; happy
5. 张扬	V	zhāngyáng	to make public

6. 歉意	N	qiànyì	apology; regret
7. 信赖	V/N	xìnlài	to trust; to have faith in; trust
8. 品格	N	pǐngé	moral character
9. 理智	N	lǐzhì	intellect; reason

听力练习

1. 听录音并根据录音内容判断下列句子的对错
   (1) 离婚,在法律上叫"分手"。　　　　　　　　　　　(　)
   (2) 离婚是一件很残酷的事情,因为双方就不再见面了。(　)
   (3) 人们觉得,痛痛快快地分手比痛苦地生活在一起要好。(　)
   (4) 要想离婚,就必须经过法院。　　　　　　　　　　(　)
   (5) 男的觉得很对不起女的,因为他没有给妻子带来幸福。(　)
   (6) 女的想请男的吃烤鸭,因为分手以后,她还想做他的女朋友。

   　　　　　　　　　　　　　　　　　　　　　　　　(　)

2. 听录音后回答下列问题
   (1) 人们为什么把"离婚"说成是"分手"?
   (2) 这一对夫妻为什么要分手?
   (3) 分手的时候,他们去没去法院? 为什么?
   (4) 丈夫为什么觉得对不起妻子? 妻子为什么还要请丈夫吃饭?
   (5) 这样理智的"分手"在生活中多不多? 你见过吗?

珍珠鸟

一．课文

　　真好！朋友送我一对珍珠鸟。放在一个简易的竹笼子里，笼内还有一团干草，那是小鸟舒适又温暖的巢。

　　有人说，这是一种怕人的鸟。

　　我把它挂在窗前。那儿还有一盆非常茂盛的法国吊兰，我便用吊兰的小绿叶盖在鸟笼上，它们就像躲进丛林一样安全；从中传出又细又亮的叫声，也就格外轻松自在了。

　　阳光从窗外射入，透过这里，吊兰的小叶，一半成了黑影，一半被照透，好像碧玉；生意葱茏。小鸟的影子就在这中间闪动，看得不很清楚，有时连笼子也看不出，却见它们可爱的鲜红小嘴儿从绿叶中伸出来。

　　我很少扒开叶子看它们，它们便渐渐敢伸出小脑袋瞅瞅我。

我们就这样一点点熟悉了。

三个月后，那一团更加茂盛的绿叶里边，发出一种娇嫩的叫声。我想，是它们，有了雏儿。我呢？决不掀开叶子往里看，连添食加水时也不去惊动它们。过不多久，忽然有一个小脑袋从叶间伸出来。更小啊，雏儿！正是这个小家伙！

它小，就能轻易地从竹笼子里钻出来。你看，多么像它的母亲：红嘴红脚、灰蓝色的毛，只是后背还没有生出珍珠似的圆圆的白点；它好肥，整个身子好像一个绒毛球儿。

起先，这小家伙只在笼子旁边活动，后来就在屋里飞来飞去，一会儿落在柜顶上，一会儿站在书架上，啄着书背上的字；一会儿把灯绳撞得来回摇动，接着又跳到画框上去了。只要大鸟在笼里生气地叫一声，它立即飞回笼里去。

我不管它。这样久了，打开窗子，它最多只在窗框上站一会儿，决不飞出去。

渐渐它胆子大了，就落在我书桌上。

它开始离我较远，见我不去伤害它，便一点点挨近，然后跳到我的杯子上，俯下头来喝茶，再偏过脸看看我的反应。我只是微微一笑，依旧写东西，它就大着胆子跑到桌上，绕着我的笔尖跳来跳去。

我不动声色地写着，默默地享受着这小家伙友好的情意。这样，它完全放心了，就用小红嘴啄着我的笔尖。我用手抹一抹它的绒毛，它也不怕，反而友好地啄两下我的手指。

有一次，它居然跳进我的空茶杯里，透过玻璃瞅我。它不怕我突然把杯口盖住。是的，我不会。

白天，它这样淘气地陪着我；天快黑了，它就在父母的再三叫声中，飞向笼子，扭动滚圆的身子，挤开那些绿叶钻进去。

有一天，我在写作时，它居然落到我的肩上。我手中的笔不禁停了下来，怕把它惊跑。等了一会儿，扭头看，这小家伙竟然趴在我的肩头睡着了，银灰色的眼睑盖住眸子，小红脚刚好给长长的绒毛盖住。我轻轻一抬肩，它没醒，睡得好熟！

我笔尖一动，就写下一时的感受：

信赖，往往创造出美好的境界。

（作者：冯骥才（1942-)，浙江慈溪人。当代作家。）

生词

1. 珍珠鸟	N	zhēnzhūniǎo	pearl bird
珍珠	N	zhēnzhū	pearl
鸟	N	niǎo	bird
2. 简易	A	jiǎnyì	simple and easy
3. 竹笼子	N	zhúlóngzi	bamboo cage
笼	N	lóng	cage; coop
4. 团	M	tuán	*measure word for ball-shaped things*
5. 舒适	A	shūshì	comfortable; cosy

6. 巢	N	cháo	nest
7. 怕人	V	pàrén	to be afraid of people
8. 茂盛	A	màoshèng	(of plants) luxuriant; exuberant; flourishing
9. 吊兰	N	diàolán	chlorophytum comosum
吊	V	diào	to hang; to suspend
10. 躲	V	duǒ	to hide (oneself); to avoid; to dodge
11. 盖(住)	V	gài(zhù)	to cover; to lid
12. 丛林	N	cónglín	jungle; forest
13. 安全	N/A	ānquán	safety; security; safe
14. 从中	Adv	cóngzhōng	from among; out of
15. 格外	Adv	géwài	especially; all the more
16. 自在	A	zìzài	at ease; comfortable
17. 阳光	N	yángguāng	sunshine; sunlight
18. 射入	V	shèrù	to send out (light, etc.); to hit
射	V	shè	to shoot; to fire
19. 黑影	N	hēiyǐng	dark shadow
影(子)	N	yǐng(zi)	shadow; reflection
20. 碧玉	N	bìyù	jade; jasper
玉	N	yù	jade
☆21. 生意葱茏		shēngyì cōnglóng	(of plants) verdant; luxuriantly green
22. 闪动	V	shǎndòng	to flash; to flicker; to twinkle

23. 鲜红	A	xiānhóng	bright red; scarlet
24. 伸	V	shēn	to stretch; to extend
25. 扒	V	bā	to push aside
26. 脑袋	N	nǎodai	head; mind
☆27. 瞅	V	chǒu	to look at; to see
28. 娇嫩	A	jiāonèn	delicate; tender and lovely
☆29. 雏儿	A	chúr	young bird (or duckling, etc.)
30. 决	Adv	jué	definitely
31. 掀	V	xiān	to lift
32. 惊动	V	jīngdòng	to disturb; to startle
惊	V	jīng	to be frightened; to shock; to surprise
33. 忽然	Adv	hūrán	all of a sudden; suddenly
34. 家伙	N	jiāhuo	fellow; guy (refering to an animal or person)
35. 轻易	A	qīngyì	easy
36. 钻	V	zuān	to go through; to get into
37. 灰蓝	A	huīlán	greyish blue
灰	A	huī	grey
38. 整个	A	zhěnggè	whole; entire
39. 绒毛	N	róngmáo	fine hair; villus
40. 起先	Adv	qǐxiān	at first; in the beginning
41. 落	V	luò	to drop; to get down
42. 啄	V	zhuó	to peck
43. 绳	N	shéng	rope; cord; string

44. 摇动	V	yáodòng	to sway; to rock; to wave
45. 框	N	kuàng	frame; case
46. 胆子	N	dǎnzi	courage; nerve
47. 伤害	V	shānghài	to damage; to harm
48. 挨近	V	āijìn	to be near to; to get close to
49. 俯	V	fǔ	to bow one's head; to pronate
50. 偏	V	piān	to lean
51. 反应	N/V	fǎnyìng	response; reaction; to react
52. 微微	Adv	wēiwēi	sightly
53. 绕	V	rào	to move round; to circle
54. 笔尖	N	bǐjiān	nib; penpoint
☆ 55. 不动声色		bú dòng shēng sè	to maintain one's composure; to stay calm and collected
56. 默默	Adv	mòmò	silently
57. 情意	N	qíngyì	affection; friendly regards
58. 抹	V	mǒ	to rub on; to touch
59. 淘气	A	táoqì	naughty; mischievous
60. 滚圆	A	gǔnyuán	round as a ball
61. 肩	N	jiān	shoulder
62. 扭头		niǔ tóu	to turn round
63. 趴	V	pā	to bend over; to lie prone
64. 银灰	A	yínhuī	silver grey
65. 眼睑	N	yǎnjiǎn	eyelid; lid
66. 眸子	N	móuzi	pupil of the eye; eye
67. 一时	N	yìshí	temporarily; for a short time

68. 感受	N	gǎnshòu	experience; feel	
69. 信赖	V	xìnlài	to trust; to have faith in	
70. 创造	V	chuàngzào	to create	
71. 境界	N	jìngjiè	state; realm	

二．语　法

（一）短语组合

1. 简易 [~补]　~得多　　　　~极了　　　　~多了
   　　 [~中]　~课本　　　　~房子　　　　~的程度

2. 掀　 [~宾]　~桌子　　　　~被子　　　　~盖子
   　　 [~补]　~起来　　　　~开　　　　　~翻
   　　 [状~]　顺手~　　　　亲手~　　　　微微~

3. 撞　 [~宾]　~车　　　　　~人　　　　　~墙
   　　 [~补]　~倒　　　　　~上　　　　　~伤　　　　　~见
   　　 [状~]　忽然~　　　　相互~　　　　跟车~

4. 享受 [~宾]　~艺术　　　　~生活　　　　~奖学金　　　　~照顾
   　　 [~补]　~一下　　　　~几个月　　　~一次
   　　 [状~]　从中~　　　　愉快地~　　　依旧~
   　　 [~中]　~的权利　　　~的机会　　　~的条件

5. 创造 [~宾]　~新产品　　　~文化　　　　~新成绩
   　　 [~补]　~成　　　　　~出　　　　　~不了
   　　 [状~]　不断地~　　　默默~　　　　亲手~
   　　 [~中]　~的能力　　　~的世界　　　~的理论

6. 惊动 [~宾]　~孩子　　　　~邻居　　　　~别人
   　　 [状~]　别~　　　　　不必~　　　　偶然~

7. 伤害 [~宾]　~身体　　　　　~朋友　　　　　　~感情
　　　　[~补]　~得很严重　　　~下去　　　　　　~过一次
　　　　[状~]　竟然~　　　　　经常~　　　　　　直接~

8. 反应 [~补]　~得快　　　　　~得厉害　　　　　~不出来
　　　　[状~]　立刻~　　　　　过分地~　　　　　强烈地~

（二）词语例解

1. 躲进丛林

　　　动词"躲"表示动作者主动隐蔽或避开。例如：

　　　(1) 小鸟躲进丛林里了。

　　　(2) 他躲在家里休息了两天。

　　　(3) 他们在车里躲雨。(避开雨)

　　　(4) 他在外边躲债。(避开要债的人)

2. 格外轻松自在

　　　副词"格外"表示程度超过一般，有"特别、更加"的意思。例如：

　　　(1) 小鸟也就格外轻松自在了。

　　　(2) 路上车多，穿过马路的时候要格外小心。

　　　(3) 这里的东西格外贵。

　　　(4) 林娜穿旗袍格外漂亮。

3. 决不掀开叶子

　　　副词"决"必须跟"不、没有"连用，表示坚决否定。例如：

　　　(1) 我决不掀开叶子往里看。

　　　(2) 这样差的条件，他们决不会答应。

　　　(3) 昨天下午我一直在办公室，这儿决没有人来过。

　　　(4) 别听他的，决没有这样的事情。

4. 忽然有一个小脑袋从叶间伸出来

　　　副词"忽然"表示来得迅速而且出人意料，有"突然"的意思。例如：

　　　(1) 忽然有一个小脑袋从叶间伸出来。

　　　(2) 王先生忽然倒在地上。

　　　(3) 他说好了要去的，怎么忽然就改变主意了。

5. 正是这个小家伙

副词"正"在这里表示强调肯定,有"就是"的意思。例如:

(1) 正是这个小家伙。

(2) 正因为他坚持锻炼,所以身体才这么好。

(3) 我找的正是这位书法家。

6. 起先,这小家伙只在笼子旁边活动

名词"起先"表示"最初"、"开始",常跟"后来"配合使用,也说"起初"。例如:

(1) 起先,这小家伙只在笼子旁边活动,后来就在屋里飞来飞去。

(2) 我们起先打算去海南岛,后来大家说,去郊区农村过春节更有意思。

(3) 起先我以为丁力波不会做中国菜,后来才知道做中国菜是他的业余爱好,不但会做,而且做得很好吃。

7. 在屋里飞来飞去

动词"来"、"去"分别放在同一动词后,用来描述在一定范围内重复地做某一动作。例如:

(1) 小鸟在屋里飞来飞去。

(2) 它就大着胆子跑到桌上,绕着我的笔尖跳来跳去。

(3) 经理一个人低着头在办公室走来走去,好像在想什么问题。

(4) 孩子在卧室里跑来跑去,玩儿得可高兴了。

8. 写下一时的感受

"一时"指"短时间"或"暂时"。例如:

(1) 他写下一时的感受。

(2) 她也是一时高兴,要跟大家去玩儿,其实,她并不一定想去。

(3) 这个人我认识,不过一时想不起他的名字。

(4) 我一时走不开,你们先走吧,别等我了。

(三)句子结构

一会儿……一会儿……

分别在"一会儿"后边嵌入同类词语,表示两种行为、动作或情况交替发生。例如:

(1) 小鸟一会儿落在柜顶上,一会儿站在书架上。

(2) 大家一会儿唱歌,一会儿跳舞,玩儿得可开心啦。

(3) 这几天一会儿冷,一会儿热,很容易感冒。

（四）复句与句群: 流水句

流水句

　　复句是由几个分句组成的,每个分句都有主语。可是在流水句中,为了使句子更加连贯,分句的主语有时可以不出现。我们这里介绍几种流水句。

1. 主语相同,而且,主语只出现在第一个分句。例如:

(1) 起先,这小家伙只在笼子旁边活动,(这小家伙)后来就在屋里飞来飞去,(这小家伙)一会儿落在柜顶上,(这小家伙)一会儿站在书架上,(这小家伙)啄着书背上的字;(这小家伙)一会儿把灯绳撞得来回摇动,(这小家伙)接着又跳到画框上去了。

(2) 阳光从窗外射入,透过这里,吊兰的小叶,一半成了黑影,(吊兰的小叶)一半被照透,(吊兰的小叶)好像碧玉;(吊兰的小叶)生意葱茏。

2. 主语不同

　　A. 后一分句的主语是前一分句的宾语,但不出现。例如:

(1) 我猜到,是它们,(它们)有了雏儿。

(2) 他得搬行李,(行李)太多了,(行李)都放在大门口,他得一件一件地搬到楼上。

　　B. 后一分句的主语是前一分句主语的某个部分。例如:

(3) 等了一会儿,扭头看,这小家伙竟然趴在我的肩头睡着了,(这小家伙的)银灰色的眼睑盖住眸子,(这小家伙的)小红脚刚好给长长的绒毛盖住。

三. 练 习

（一）给下列汉字注上拼音并组成词或短语

笼	巢	葱	瞅
嫩	雏	添	啄

（二）给下列词语搭配上适当的补语

1. 掀

2. 享受

3. 简易

4. 创造

5. 撞

（三）选词填空

1. 听到这个严重的情况，他一个人在书房里_____，好像在考虑解决问题的办法。

2. 张兰从警察手里拿过照片一看，_____自己的儿子，她激动得_____说不出话来。

3. 下午天就变了，_____还只是阴着，后来_____刮起了大风！

4. 你怎么不再申请一笔银行贷款呢？老这么_____债也不是个办法啊！

5. 不管有多大的困难，我们也要坚持下去，_____放弃。

6. 北京的车太多了，开车的时候你可要_____小心。

7. 雨越下越大，我们只好跑进一家咖啡馆里去_____一_____。

8. 那个人我以前见过，可是_____想不起他的名字了。

9. 今年秋天，香山的红叶_____漂亮，所以游人也就_____地多。

10. _____，我们打算去法国度假，后来又改为去美国了。

11. 他_____说去，_____又说不去，真不知道他是怎么想的。

12. _____因为对中国文化有着很大的兴趣，他才每年到这里访问两次。

13. 无论你们怎么决定，反正我_____随便改变自己的看法。

14. 我爷爷的心脏病那天又犯了，走着走着_____就倒在了地上。

15. 看到泰山日出的美景，他_____激动，竟然写起诗来。

（躲　格外　决不　一会儿……，一会儿……　忽然　正是　起先
……来…去　一时）

（四）用指定词语完成对话

1. A：你怎么了？身上都湿了？

   B：刚才下雨时我正好在路上，_____。（躲）

2. A：孩子们都到哪儿去了？

    B：他们正在玩儿呢，都_____。（躲）

3. A：你去旅行了十几天，怎么一点儿纪念品都没买？

    B：别提了，那些旅游景点的东西_____。（格外）

4. A：小刘是素食主义者，每次跟他一起吃饭都很麻烦。

    B：是啊，总是要_____。（格外）

5. A：我记得这件事你向我保证过！

    B：放心，我_____。（决不）

6. A：你为什么不请他帮忙呢？

    B：算了吧，_____。（决没）

7. A：他不是说好要跟我们一起去打篮球的吗？

    B：唉，他_____。（忽然）

8. A：今天是周末，你怎么还在宿舍？

    B：我刚要走，我同屋_____。（忽然）

9. A：你看这张照片，你说的刘老师是不是这个人？

    B：对，_____。（正是）

10. A：那个新建的住宅小区紧靠铁路，会不会很吵啊？

    B：_____，那个小区的房子才卖不出去啊。（正是）

11. A：你们提出的要求，学校马上就同意了吗？

    B：没有，_____。（起先）

12. A：你们的中文课现在用什么教材？

    B：_____。（起先）

13. A：林娜不是说要跟旅行团去西藏旅行吗，怎么没去？

    B：她_____。（一时）

14. A：我们要去吃饭了，你跟我们一起去吗？

    B：哦，你们先去吧，我_____。（一时）

（五）根据课文内容，判断下列句子的对错

    1. 朋友送给"我"一些珍珠，还有两只小鸟。   （   ）

    2. "我"把吊兰盖在鸟笼上，是为了让小鸟不会害怕。   （   ）

    3. 它们的小嘴一半红一半绿，很可爱。   （   ）

    4. 三个月后，它们的叫声变得更加娇嫩了。   （   ）

    5. 那只雏儿除了后背，其它都长得跟妈妈完全一样。 （   ）

    6. 小雏儿不怕人，所以"我"把它从笼子里放了出来。 （   ）

    7. 即使"我"打开窗子，小雏儿也决不飞出去。   （   ）

    8. 小雏儿不听大鸟的，它不肯回到妈妈的身边。   （   ）

    9. 它很淘气，居然跳进"我"正在喝的茶水里。   （   ）

    10. 有一次，它竟然趴在"我"的肩膀上睡着了。   （   ）

（六）根据课文内容回答下列问题

    1. 那种鸟叫什么名字？为什么？

    2. 为什么说小鸟的家"舒适又温暖"？

    3. "我"为什么用吊兰的叶子盖住鸟笼子？

    4. 三个月后，发生了什么事？

    5. 小雏儿从鸟笼子里出来以后是怎么在屋子里飞的？

    6. 它跳到"我"的书桌上后，我有什么反应？

    7. 它什么时候才回到鸟笼子里去？

    8. "我"为什么说"信赖，创造出美好的境界"？

（七）复句练习

1. 将左右两部分连起来，组成一个完整的复句，并把左边的序号填在右边的括号里

  （1）他不但会跳舞   （ ）我也要自己好好考虑考虑再做决定

  （2）虽然雨下得这么大 （ ）那就去那家有名的意大利餐厅吧

  （3）即使是父母要我这样做 （ ）所以大家看上去也越来越胖了

  （4）既然你们都想去吃意大 （ ）但是孩子们还是按时到学校来上
     利面   课了

  （5）因为天气越来越冷了 （ ）大家也不要慌乱

  （6）无论发生什么样的情况 （ ）而且还得到过舞蹈比赛的大奖呢

2. 根据下列复句之间的关系,选择适当的关联词语完成复句

   (1) 星期日他们到郊区去玩儿,_____爬了山,_____又去一个果园采摘水果。

   (2) _____孩子们怎么闹,妈妈_____没答应他们买玩具的要求。

   (3) _____她相信爱情,_____一定要找到自己爱的人才会结婚。

   (4) 他觉得像李娜这样_____美丽_____温柔的女孩很少有。

   (5) 我姐姐_____坐船会晕,_____坐火车坐飞机也都会晕。

   (6) _____公司发展初期遇到了很多困难,_____大家相信坚持到底就是胜利。

   (7) _____打了两天针都没有退烧,_____大夫让他住院了。

   (8) 我舅舅特别不喜欢方便面,他说,_____饿死,他_____不会吃方便面。

   (既……又…… 先……,接着…… 不但……而且…… 因为……所以…… 既然……就…… 虽然……但是…… 即使……也…… 无论……都……)

(八)综合运用练习

1. 写出你知道的跟"人与宠物"有关的所有词汇。对于不会而想学习的词,可以先用母语写出。

   例词:

   (1) 宠物   猫   狗   鸟   金鱼   乌龟……

   (2) 喜爱   养   喂   观赏……

   (3) 娇嫩   自在   淘气   舒适   愉快……

   (4) 提鸟笼   牵狗   仔细照料 ……

2. 说一说,尽量用上刚刚学会的词

   (1) 你喜欢课文中的那只小鸟吗? 说说理由。

   (2) 你自己养过什么小动物吗? 请给大家介绍一下。

   (3) 在你家周围养小动物的人多吗? 他们大多养什么动物?

   (4) 养小动物会不会给别人带来麻烦? 为什么?

   (5) 你听说过什么动物与人之间的感人故事吗? 如果有,请给大家讲一讲。

（6）很多人养小动物以后开始吃素了，你怎么看这个问题？

　（7）现在，很多地方都有"动物保护组织"，在你们那儿有没有？

　（8）地球上越来越多的动物快要消失了，你觉得应该怎么做才能挽救这些动物呢？

3. 写一写，尽量用上刚刚学会的词

　（1）动物保护

　　　① 保护的对象

　　　② 保护的方式

　　　③ 现在的情况与问题

　　　④ 人们对保护动物的看法

　（2）宠物

　　　① 大众喜爱的宠物

　　　② 孩子与成人的差别

　　　③ 人们对待邻居宠物的态度

　　　④ 宠物的饮食起居

　　　⑤ 宠物医院

四. 阅读·会话·听力

阅读

美猴王

　东胜神洲，海外有一个地方，名叫傲来国。它靠着大海，海中有一座名山，叫做花果山。山顶上，有一块仙石，怀有仙胎。一天，仙石迸裂，产出一个石蛋，有圆球那么大。一遇见风就变成了一个石猴。那石猴在山中，会行走跳跃，吃野果，喝泉水，跟一群猴子一起玩耍。

一天，这群猴子玩儿了一会儿，觉得热了，就去小河里游泳。猴子们说："这河水多好，是从哪里来的？我们今天没事儿，沿着河水往上走，去找一找河的源流。"老猴子大喊一声："走！"猴子们就拖儿带女一起往上走。他们翻山越岭，终于找到了小河的源流，原来是一个大瀑布。猴子们高兴得又喊又叫："好水，好水！这儿既连着高山又通向大海。"老猴子说："哪个能进到里边去看一看，而且不伤身体，我们就拜他为王。"他说了三遍，忽然看见石猴从猴群中跳了出来，大声说道："我进去，我进去！"

石猴闭着眼睛，蹲下身子，使劲往里一跳。跳进瀑布泉里，睁开眼睛，抬头一看，那里边没有水，是一座大铁桥。桥下的水，从石缝中倒流出来，就成了瀑布。遮蔽了桥门。石猴走上桥头，边走边看，这里好像有人住过似的。真是个好地方！

石猴跳过桥中间，看见正当中有一块石碑，上面刻着一行字："花果山福地，水帘洞洞天"。石猴高兴极了。急忙转身往回走，又闭着眼睛，蹲下身子，跳出水外。哈哈笑道："好福气，好福气！"猴子们把他围住，问道："里面怎么样？"石猴说："好极了！这真是过日子的好地方。里边宽得很，可以住下千百口老小。我们进去住吧，免得受老天的气。"

猴子们听了个个都很高兴。都说："还是你先走，带我们进去。"石猴又闭着眼睛，蹲下身子往里一跳，叫道："都随我进来！进来！"胆大的，都跳进去了；胆小的，大声叫喊了一会儿，也都跳进去了。

石猴坐在上面说道："各位，你们说过，谁有本事进的来，出得去，而且不伤身体的，就拜他为王。我现在进来又出去，出去又进来，找了一个这么好的地方，是不是应该拜我为王。"猴子们说："应该，应该！"一个个按年龄大小排好队，朝上行礼都称："大王千岁！"从此，石猴就称美猴王。

（故事选自吴承恩《西游记》，内容稍有改动。）

补充生词

1. 胎	N	tāi	embryo; foetus
2. 迸裂	V	bèngliè	to burst open; to split
3. 源流	N	yuánliú	source and course (of a river, etc.)
4. 翻山越岭		fān shān yuè lǐng	to tramp over hill and dale
5. 瀑布	N	pùbù	waterfall
6. 闭	V	bì	to close; to shut
7. 睁	V	zhēng	to open (the eyes)
8. 遮蔽	V	zhēbì	to hide from view; to cover
9. 石碑	N	shíbēi	stone tablet; stele
10. 福气	N	fúqì	good fortune; happy lot
11. 受气		shòu qì	to be bullied; to suffer wrong
12. 行礼		xíng lǐ	to salute
13. 千岁	N	qiānsuì	a thousand years a deferential allusion to a prince, used especially in traditional operas
14. 美猴王	PN	Měihóuwáng	Monkey King (name of the hero in *Pilgrimage to the West*)
猴	N	hóu	monkey
15. 花果山	PN	Huāguǒ Shān	Flower and Fruit Mountain (name of a place)
16. 水帘洞	PN	Shuǐlián Dòng	Water screen Cave (name of a place)

阅读练习

1. 快速阅读一遍短文内容,并判断下列句子的对错

    (1) 石猴是从一块大石头里生出来的。   (　　)

    (2) 石猴从大石蛋里出来时不会走路。   (　　)

    (3) 猴子们沿着河水往上走是想找果子吃。   (　　)

    (4) 老猴子希望到里边做大王。   (　　)

    (5) 石猴发现瀑布里边有人住过。   (　　)

    (6) 猴子们不论胆大的、胆小的都跳进去了。   (　　)

    (7) 石猴有一千岁,所以坐在上边。   (　　)

    (8) 石猴的名字是美猴王。   (　　)

2. 再阅读一遍短文内容,简单回答下面的问题

    (1) 花果山在什么地方?

    (2) 石猴是怎么生出来的?

    (3) 猴子们翻山越岭要去找什么?

    (4) 石猴在瀑布里边看到了什么?

    (5) 石碑上写着什么?

    (6) 瀑布里边的地方大不大?

    (7) 猴子们为什么愿意跳到里边去?

    (8) 石猴为什么说猴子们应该称他为王?

会话——诗歌朗诵

乡　愁

余光中

小时候

乡愁是一枚小小的邮票

我在这头

母亲在那头

长大后

乡愁是一张窄窄的船票

我在这头

新娘在那头

后来啊

乡愁是一方矮矮的坟墓

我在外头

母亲在里头

而现在

乡愁是一湾浅浅的海峡

我在这头

大陆在那头

（余光中，1928年出生于南京，1950年去台湾。当代著名诗人。）

补充生词

☆ 1. 乡愁	N	xiāngchóu	nostalgia
2. 枚	M	méi	*measure word for small objects*
3. 窄	A	zhǎi	narrow
4. 坟墓	N	fénmù	tomb; grave
5. 湾	M	wān	*measure word for bays or rivers*
6. 浅	A	qiǎn	shallow
7. 海峡	N	hǎixiá	channel; strait

会话练习

1. 朗读《乡愁》。

2. 讨论：诗人为什么写《乡愁》？

听力

不要轻易说不可能

补充生词

1. 测试	N	cèshì	test
2. 答案	N	dá'àn	answer；key
3. 数字	N	shùzì	figure；number
4. 适当	A	shìdàng	proper；suitable
5. 名称	N	míngchēng	name；title
6. 季度	N	jìdù	quarter
7. 角度	N	jiǎodù	angle；point of view
8. 模式	N	móshì	mode；pattern

听力练习

听录音后回答下列问题

(1) 一个季度是几个月？

(2) 为什么三天加四天能等于一呢？

(3) 这些数字相加的结果为什么会对呢？

(4) 这些数字游戏说明一个什么问题？

第五十一課

母 愛

母親一天比一天老了，走路已經顯得很慢。她的兒女都已經長大成人了，各自忙著自己的事，匆匆回去看她一下，又匆匆離去。當年兒女們圍在身邊的熱鬧情景，如今想起來好像是在夢裏一樣。母親的家冷清了。

那年我去湖南，去了好長時間。我回來時母親高興極了，她不知拿什麼給我好，又忙著給我炒菜。"喝酒嗎？"母親問我。我說喝，母親便忙給我倒酒。我才喝了三杯，母親便說："喝酒不好，要少喝。"我就準備不喝了。剛放下杯子，母親笑了，又說："離家這麼久，就再喝點兒。"我又喝。才喝了兩杯，母親又說："可不能再喝了，喝多了，吃菜就不香了。"我停杯了，母親又笑了，說："喝了五杯？那就再喝一杯，湊個雙數。"她說完親自給我倒了一杯。我就又喝了。這次我真準備停杯了，母親又笑著看著我，說："是不是還想喝，那就再喝一杯。"

我就又倒了一杯，母親看著我喝。

"不許喝了，不許喝了。"母親這次把酒瓶拿了起來。

我喝了那杯，眼淚都快出來了，我把杯子扣起來。

母親却又把杯子放好，又慢慢地給我倒了一杯。

"天冷，想喝就再喝一杯吧。"母親說，看著我喝。

我的眼淚一下子湧了出來。

什麼是母愛？這就是母愛，又怕兒子喝，又勸兒子喝。

我的母親！

我搬家了，搬到離母親家不遠的一幢小樓裏去。母親那天突然來了，上到四樓喘不過氣來，進門以後，靠著門休息了一會兒，然後要看我睡覺的那張六尺小床放在什麼地方。那時候我的女兒還小，跟我的妻子一起睡大床，我的六尺小床放在那間放書的小屋裏。小屋真是小，床只能放在窗下的暖氣旁邊，床的東頭是衣架，西頭是玻璃書櫃。

"你頭朝哪邊睡？"母親看看小床，問我。

我說頭朝東邊，那邊是衣架。

"不好，"母親說，"衣服上灰塵多，你頭朝西邊睡。"

母親坐了一會兒，突然說："不能朝玻璃書櫃那邊睡，要是地震了，玻璃一下子砸下來會傷著你，不行，不行。"

母親竟然想到了地震！百年難遇一次的地震。

"好，頭就朝東邊睡。"我說著，又把枕頭挪過來。

等了一會兒，母親看看這邊，又看看那邊，又突然說："你臉朝裏睡還是朝外睡？"

"臉朝裏。"我對母親說，我習慣向右側身睡。

"不行，不行，臉朝裏暖氣太乾燥，嗓子受不了，你嗓子從小就不好。"母親說。

"好，那我就臉朝外睡。"我說。

母親看看被子，摸摸褥子，又不安了，說："你臉朝外睡就是左邊身體貼著床，不行，不行，這對心臟不好。你聽媽的話，仰著睡，仰著睡好。"

"好，我仰著睡。"我說。

我的眼淚一下子又湧上來，湧上來。

我却從來沒想過漫漫長夜母親是怎麼入睡的。

我的母親！

我的母親老了，常常站在院子門口朝外張望，手扶著墻，我每次去了，她都那麼高興，就像當年我站在院子門口看到母親從外邊回來一樣高興。我除了每天去看母親一眼，幫她買買菜，擦擦地，還能做些什麼呢？

我的母親！我的矮小、慈祥、白髮蒼蒼的母親……

（原文作者：王祥夫，本文稍有刪改。）

祝你情人節快樂

我從銀行存錢回來，只看見一片黑煙，我們住的樓已經成了廢墟。

等我終于明白發生了什麼事情的時候，我已和房東太太坐上了去醫院的出租車。

在病房裏，我找到了志強。謝天謝地！他的燒傷不太重，已經清醒過來了。我跑了過去，彎下腰，握住他的手，哭了起來。房東太太的房子在大火中燒光了，但她還是安慰我們說：“沒關係，保險公司會賠償的。”我和志強勉強地笑了笑，心想：你的房子保了險，但我們的財產卻沒有保險。

我丈夫志強，在美國的一所大學讀博士。我是來陪他的。我也一直希望能得到讀服裝設計碩士學位的獎學金，但這個專業的獎學金連美國人都很少能拿到。所以，我們生活非常節省，希望攢下點錢，有一天我也能自費繼續我的學習。可如今，一場大火把我們的東西都燒光了，手裏只剩下以前攢下的幾千美元了。

我擦乾眼泪，握著志強的手，安慰他說：“沒關係，醫生說你兩個星期後就可以出院了，我們還有些錢，一切可以從頭再來！”

房東太太把我們預交的三個月房租退給了我們，還幫我們找了一套比較便宜的房子，房租是原來的三分之一，而且還不要我們預交房租。

陪著志強住院的時候，我買了些最便宜的花布，拿到醫院去做成窗簾、床罩，還用剩下的花布給兒童病房做了兩隻小狗。因爲志強住在大病房，所以大家都知道了我們的故事，一位老年病友送給我們一個舊電視，還有一個叫湯米的黑人小夥子，送給我們一套桌椅。總而言之，最需要的東西差不多都有了，兩個星期之後，我們新租的房子已經可以住了。

志強出院的那天，我包了很多餃子帶到醫院去，算是感謝病友們對我們的幫助。大家一看見餃子就說：“中國點心好吃！”——“中國點心”是他們對我做的餡餅、包子、餃子的稱呼。湯米拿出一大束鮮花，然後，大家一起喊了起來：“祝你們情人節快樂！”我和志強感動得說不出話來，因爲來美國四年了，我們還沒有過過一次情人節。

走的時候，我們把那束鮮花和一盤餃子留給了志強旁邊的那位病人——他是幾天前由于自殺被送進醫院的。一直到我們離開的時候，他還沒有清醒過來。因此，我給他寫了一張明信片："先生，希望您能看到我們的禮物，并堅強地活下去！"

接下來的日子，志強一直在寫他的論文。他的大部分資料都存在家中的電腦裏，大火燒起來的時候，他本來已經跑出來了，但爲了搶救那台電腦，他又跑回房裏去，才被燒傷的，可是電腦還是沒有能搶救出來。因此志強只好從頭開始寫他的論文。這樣一來，就耽誤了大半年的時間，他只好推遲畢業。然而，耽誤的時間是沒有獎學金的，而且推遲畢業，對志強留校也有很大的影響。我們存的錢也不多了，日子過得一天比一天艱苦。

又是情人節了。我和志強去年就說好了，無論日子怎麼艱苦，以後每年都要慶祝情人節。我做好了晚飯等他。志強從學校回來了，手裏拿著一封信。我接過那封信就連忙拆開來，上面寫著：

親愛的李先生、李太太：

你們好！

收到這封信，可能你們會感到很奇怪。我是去年情人節住在李先生旁邊的病人。當時，由于我的公司快要破產，我的太太又一病不起，離開了我，因而我絕望了，只想跟她一起走。可當我醒過來的時候，看到了你們留下的餃子、鮮花和明信片。我從病友們那裏知道了你們的故事，它讓我想了很多。我想我的太太如果活著，也一定不希望我那樣做。身體好了之後，我終於找到了願意支持我的銀行，現在，公司一天天地好起來了。我看到過李太太給兒童病房做的小狗，做得很有意思，又聽說李太太是學服裝設計的，不知有沒有興趣到我的公司來。

希望你們給我一個答復！

再一次謝謝你們，是你們給了我重新奮鬥下去的勇氣。

祝你們情人節快樂！

我把那封信和他寄來的名片，看了一遍又一遍，不禁大聲地讀了出來。志強走了過來，緊緊地擁抱著我，然後小聲地說："祝你情人節快樂。"

（原文作者：憤怒　本文稍有刪改。）

五味(節選)

山西人真能吃醋！幾個山西人在北京下飯館，坐定之後，還沒有點菜，先把醋瓶子拿過來，每人喝一茶杯醋，好像要喝個夠。旁邊的客人直瞪眼。有一年我到太原去，快過春節了。別的地方過春節，商店都供應一點好酒，太原的油鹽店却都貼出一個通知："供應老陳醋，每戶一斤"。這對山西人來說是大事。

山西人還愛吃酸菜，什麼都拿來酸，除了蘿蔔、白菜，還包括楊樹葉子。有人來給姑娘說親，當媽的先問，那家有幾口酸菜缸。酸菜缸多，說明家底厚。

遼寧人愛吃酸菜白肉火鍋。

北京人愛吃羊肉酸菜湯下雜麵。

都說蘇州菜甜，其實蘇州菜只是淡，真正甜的是無錫。包子的肉餡裏也放很多糖，沒法吃！

廣西芋頭扣肉特別甜，很好吃，但我最多只能吃兩片。

廣東人愛吃甜食。白薯糖水，這有什麼好喝的呢？廣東同學說："好啊！"

北京人過去不知苦瓜是什麼東西，近幾年有人學會吃了。農民也開始種了。農貿市場上有很好的苦瓜賣，屬于"細菜"，價格很高。

北京人在口味上開放了！

北京人過去就知道吃大白菜，由此可見，吃大白菜的習慣是可以改變的。

有一個貴州的年輕女演員上我們劇團學戲，她媽媽給她寄來一包東西，叫"魚腥草"。她讓我嘗了幾根。這是什麼東西？苦，倒不要緊，它有一種強烈的生魚腥味，實在受不了！

劇團有一個工作人員，是個吃辣的專家，他每天中午飯不吃菜，只吃辣椒。在四川北部，聽說有一種辣椒不能吃，用一根線挂在灶上，湯做好了，把辣椒放在湯裏涮涮，就辣得不得了。

四川人不能說是最能吃辣的。川菜的特點是辣而且麻，——放很多花椒，像麻婆豆腐不放花椒不行。花椒得是川椒，搗碎，菜做好了，最後再放。

浙江東部的人確是吃得很鹹，有個同學一吃包子就得往包子裏倒醬油。口味的鹹淡和地域是有關的。北京人說南甜北鹹東辣西酸，大體不錯。河北、東北人喜歡鹹，福建菜大多很淡。但這跟個人的性格、習慣也有關。

我不知道世界上還有什麼國家的人愛吃臭。

過去上海、南京、漢口都賣油炸臭豆腐乾。長沙火宮殿的臭豆腐因爲一個大人物年輕時經常吃而出了名。這位大人物後來還去吃過，說了一句話："火宮殿的臭豆腐還是好吃。"

我們一個朋友到南京出差，他的太太是南京人，要他帶一點臭豆腐乾回來。他千方百計去辦，居然辦到了。帶在火車上，引起全車廂的人強烈抗議。

我在美國吃過最臭的"氣死"（乾酪），洋人大多聞到就要掩著鼻子，不過對我來說實在沒有什麼，比臭豆腐差遠了。

中國人口味之雜，敢說是世界第一。

（原文作者：汪曾祺(1920~1997)，江蘇高郵人，現代作家。 本文是節選，詞語有改動。）

讓我迷戀的北京城

　　現在的北京跟我幾年前所熟悉的大不一樣了。從城市的建築、街道、車輛到人們的生活水平、生活節奏，到處都透出一個"變"字。

　　您看，北京的街道不是變得又寬又美了嗎？僅僅幾年不見，北京就出現了那麼多新街道、新建築、新立交橋。環形的西直門橋竟然不見了，取代它的是一座高大、寬闊的新立交橋。西單、王府井這兩個中外聞名的老商業區，也換上了豪華的新裝展現於世人的面前。還有許多剛修的街道，有的甚至連老北京人都叫不上名兒。

　　記得以前我在北京語言學院讀書的時候，每次進城幾乎都免不了要受"皮肉之苦"，因為我惟一的選擇是擠375路公共汽車。我先得用雙手緊緊抓住車門上的把手，然後再用力往上擠，有時都快被擠成"肉餅"了。可前幾天回一趟"娘家"——北京語言大學，去看看老師和朋友，發現學校門口有各種各樣的公共汽車：726路、307路、826路、951路……想上哪兒就上哪兒，太方便了！

　　北京市場上的商品也比以前多得多了，大商場、超市、專賣店裏的商品琳琅滿目，吃的、穿的、用的應有盡有，需要什麼只要您在某某"商城"裏走一圈兒就可以解決了。從這些大大小小的商場，從馬路邊兒五顏六色的廣告牌、霓虹燈就可以看出北京城的繁華景象。

　　北京人的生活水平也提高了不少。這回我到了幾個朋友家裏，幾乎家家都住上了新買的房子，裝了空調，換了大彩電，有人還準備出國旅行呢。看到這些，我真是有點兒眼紅！

　　雖然生活水平提高了，可北京人還是那樣熱情好客，這也許是北方人性格豪爽、開朗的體現吧！就拿我這次到北京來說吧，我拉著大箱提著小包，一出首都機場大廳就坐上了出租車。司機師傅知道我是留學生，就跟我聊上了，用北京人的話來說，是"山南海北地亂侃"。他以為我是第一次來北京，所以就主動給我介紹北京城。他的話裏透著北京人的熱情，先聊中軸路上的鼓樓，再侃景山上的老槐樹。然後是世界聞名的故宮博物館，一直談到北京的小吃，比如豆汁。他還很幽默地跟我說：

"很多外地人覺得豆汁兒一點兒也不好喝，有種怪味兒，可是我們老北京人就好這一口兒。"

北京人還很愛熱鬧。有一天，我剛從地鐵站走出來，就看見路邊兒聚集著許多人，其中還有不少老年人，正在認真地跳交際舞。看到他們臉上的笑容，你就知道他們是多麼地開心。還有，在立交橋的下面也聚集著一堆一堆的人，有的蹲著，有的坐著，都瞪著眼看著地下。走近一看，原來他們是在下棋呢。大夥兒你一言我一語，有的還大聲地爭了起來。別看他們在爭，其實他們差不多都是天天見面的老朋友。直到夜深了他們才拿著小板凳無可奈何地往家走，走之前還留下一句："明兒見啊。"

這就是讓我迷戀的北京城。

（原文作者：阮福祿，本文稍有刪改。）

新素食主義來了

　　人們常常將素食主義者理解爲由於宗教、民族的原因，或者由於某種奇怪的習慣而不吃雞、鴨、魚、肉等動物性食品的人。但我們所說的"新素食主義者"，既不是信仰某種宗教，也不是扮"酷"，更不是吃膩了大魚大肉。他們選擇素食，爲的是身體健康；他們選擇素食，爲的是在繁華、熱鬧的城市裏保留一份自然的心情；他們選擇素食，是爲了保護他們生活的環境；他們選擇素食，是要給人類以外的其他生命平等的權利。他們選擇素食作爲自己的一種生活方式，是基於他們對自己健康的重視以及對除人以外其他生命的更多的愛和尊重。

　　那麼，"新素食主義者"離我們遠嗎？當我們看到寫字樓裏以素食爲午餐的白領小姐，看到大學餐廳裏只選素菜的大學生，看到素菜館裏來來往往的顧客……我們會感覺到，新素食主義真的來了。"新素食主義者"就在我們身邊，儘管還只是少數，但畢竟不再讓人覺得沒法理解。也許在不久之後，素食將會成爲更多人的個人選擇。

　　新素食主義者向我們說明了三個理由：

一. 保衛環境

　　新素食主義者提出了"保衛環境"的理由，是因爲他們認識到，人們的飲食習慣極大地影響著我們生存的環境。肉食產業的發展關係到大量資源的使用、大量的動物糞便的產生，對環境造成嚴重的污染。具體說來，對環境的影響是：

　　水污染：從飼養家畜、家禽的地方，排放出來的污水污染了水源。

　　空氣污染：從動物糞便中排放出來的氣體，不但污染了空氣，而且還使全球氣候變暖。

　　土壤侵蝕：全球大約40%的穀物，在美國超過70%的穀物，被用來飼養家畜和家禽。爲了生產出一斤肉和蛋，土地就要失去五斤表層土壤。

　　水消耗：飼養牛羊所用的穀物及乾草，估計有一半是長在需要灌溉的土地上的，爲生產出一斤牛肉，需要消耗380升水。由于放養牛羊，美國西部大約有10%的土地已經變成了沙漠。

能源的消耗：與蔬菜比較，生產和運輸家畜、家禽所消耗的能源要多十倍。

二.給動物平等的權利

一部分新素食主義者說，他們之所以不吃肉和魚，是因爲他們不贊成殺害動物，也反對爲了取得食物而飼養和殺害動物。這些動物權利保護主義者認爲，素食體現了人對動物生存權利的尊重。全世界每年被殺害的動物數量是世界人口的7倍。在人類生活的每個地方，到處都在殺害動物。特別是現在工業化的飼養方式正取代傳統的飼養方式，以滿足人類對肉食的需要；這樣，殺害的動物也就更多了。

三.素食有利於健康

素食對現代人來說，最實際的是對健康的積極影響。根據調查，素食的民族一般都健康長壽。在這些民族中，有的人超過了110歲。但在肉食品消費量很大的國家，越來越多的病跟愛好肉食有關。

素食者認爲，最健康的飲食方式是吃素食，或少吃肉類食品。爲了自己的健康，還是素食主義好。

(原文策劃：王曉旭　本文稍有刪改)

世界"雜交水稻之父"袁隆平

2000 年 2 月 19 日，中國政府將最高科學技術獎授予中國工程院院士袁隆平。他是世界"雜交水稻之父"，是一位"種"了一輩子水稻的"農民"科學家。他高高的個子，又瘦又黑。外國記者剛見到他時，都以爲他是一個普通的農民。聽到袁隆平用流利的英語介紹雜交水稻，他們才意識到，這就是他們要採訪的"雜交水稻之父"。

儘管袁隆平已是聞名世界的科學家，但他一直認爲自己是個農民。他說："我的工作要求我像農民一樣地生活。"

袁隆平 1930 年出生于北京的一個知識份子家庭。父親畢業於東南大學中文系，曾經當過小學校長。母親也曾當過老師。所以，袁隆平從小就受到父母的影響。特別是母親的教育，對他影響很大，母親要求他多觀察、多動腦筋，還要他認真地學習外語，這對他一生的事業都有很大的幫助。

袁隆平小的時候，非常好動，好奇心也很強。他母親喜歡種花，房前的小花園都種滿了花草。袁隆平常幫助母親幹些養花種草的活兒，他覺得很有意思。

有一次，學校組織學生們去參觀植物園，滿園的花草，滿樹的果實，深深地吸引了袁隆平。這一美好印象一直保留在他的記憶裏，甚至影響到他對專業的選擇。後來他考上了西南農學院，學習作物遺傳育種專業。1953 年畢業後，他被分配到湖南安江農校當老師。儘管平時工作十分忙，除了教學以外，他還是利用業餘時間做了不少研究工作。雖然當時資料很少，但他從能得到的英文雜誌上瞭解到了遺傳學說的新成果。他最早開始研究水稻和遺傳是在六十年代。他的夢想是，"要是我們種的水稻穗子像掃帚那麼長，顆粒像花生那麼大，那該多好啊。"當然，他清楚地知道，哪怕只讓水稻增產一成，那也是非常困難的。但他下定了決心，再困難也要攻下這個難關。

袁隆平曾對採訪者說過，六十年代初，他發現了一棵長得非常粗壯的水稻秧苗，但當時他並不知道這是一棵野生雜交水稻。第二年，他種下了這些種子。可是，再也沒有一棵秧苗長得像去年的那棵水稻一樣粗壯。爲什麽會這樣呢？純種水稻是不會產生分化的，由此，袁隆平意識到自己去年發現的那棵秧苗很可能是第一代天然雜交稻。"這打破了水稻沒有雜交優勢的傳統理論，"他說，"這促使我下定決心培育雜交稻。"這個想法是革命性的，因爲在他看到的國外資料中，還沒有談過這個問題的。即使是世界上最有名的專家，也沒有想到水稻可以有雜交優勢。

1973 年，43 歲的袁隆平實現了他的部分夢想，他在世界上首次培育成了雜交水稻，將水稻產量從每畝 300 公斤提高到 500 公斤以上。從此以後，他更加努力地工作，希望培育出產量更高、品質更好、能"養活全世界"的雜交水稻。

現在，袁隆平雖然已經 70 多歲了，但是他沒有時間休息，他的最新研究項目是"超級稻"。1997 年已經實現每畝 700 公斤以上的目標。從 1997 年開始，他的下一個目標是畝產 800 公斤，計劃在 2005 年之前實現。爲了有更多的研究時間，他像候鳥一樣，每年冬天從寒冷的長沙飛到溫暖的海南島。一年之中，他有三分之一的時間是在稻田裏工作。從播種到收穫，袁隆平每天至少要下兩次稻田。

在中國，一半以上的稻田種植的是袁隆平他們研究出來的雜交稻，年產量占全國水稻總產量的 60% 左右。袁隆平堅信中國人能做到自己養活自己。

40 多年來，由于袁隆平培育出產量越來越高、質量越來越好的雜交稻種，所以國家授予他最高科學技術獎。袁隆平的研究成果，也得到了全世界的承認，2004 年他獲得了農業方面的國際最高榮譽——世界糧食獎。

初爲人妻

　　婚姻對於愛情，有人說是墳墓，有人說是昇華，還有人說婚後兩年是婚姻的危險期……

　　才結婚的時候，我看著自己的新家，看著書櫃裏一排排的書。有些是熟悉的，那是從大學到工作我自己買起來的；有些是不熟悉的，那是丈夫從他的書櫃裏搬過來的。休假的那幾天，我獨自坐在自己的家裏，感到不習慣。我不習慣的，是一個新的角色：從女兒到了妻子。

　　小時候我好希望變成一個男孩！那時我想，如果我是個男孩，必定像孫悟空一樣，是一個天不怕地不怕的好漢。只是從來沒想過有一天要結婚，做一個人的妻子。

　　"妻子"這個詞，在中學和大學，我總感到離自己很遠。當宿舍裏熄了燈，同屋便各自在枕頭上發表議論。現在想起來，那是學生生活中最愉快的時刻了。月光從開著的窗戶外邊灑了進來，月光裏的夜空就像是未來的日子。我們中文系的女生宿舍便談論婚姻對於女性有什麽影響，談論中國婦女的解放道路，談論年輕女知識份子與男子的平等……我常常只是聽著，很激動，有時也發表幾句很幼稚的議論，比我大的同學就說："少年不識愁滋味。"

　　暑假回家，到一個從小一起長大的男孩家裏玩，聽他驕傲地說出一句，"女孩上大學是爲了找一個好丈夫，做一個好妻子"，我立即甩門而去。從此看見他，只當見到一個不認識的人。我想，也許只戀愛不結婚是最好的生活道路。要不然，如何獨立，如何不走中國婦女傳統的賢妻良母的老路？

　　但"愛情"終于向我走來了。在那些戀愛的日子裏，早上我去上班，頭上的天總是藍藍的，路邊的樹總是綠綠的，多麽美好的日子！甚至我相信這是對我以前做過什麽好事的報答。緊接著，"結婚"也走來了。等到我在自己的家裏獨自看著書架上一排排的書本時，才醒悟過來，真正危險的時刻開始了。

　　丈夫工作一天回來，看到我在炒菜，他稱讚說："真是我的好妻子！"說完就開始吃飯。他哪里知道結婚以前我從來沒有做過飯菜。他喜歡饅頭，我喜歡米飯。他看到飯桌上的饅頭，又說："真是我的好妻子!"吃著飯，我想，也許這就是他的大丈夫主義，我一輩子只好跟著他吃饅頭了。想到這裏，心裏有一點難過。吃完飯，丈夫說："你很聰明，不要滿足于上班下班，安安穩穩地過日子。你可以寫作。"但我好像什麼也沒聽見，只是聞著滿屋子的花生油味，反反復復地想著家庭中的男女平等問題。

有一天，丈夫說大學裏的朋友們要聚會。他走了以後，我在家等啊等啊，開著的窗戶外漸漸安靜下來了，別人家的電視早關上了，他還沒回來。我慢慢地從焦急到委屈，終于憤怒起來。大家都出去吧! 我換好衣服，關上大門走到街上。街上沒有人，公共汽車站也一個人都沒有。我在街上走了一圈，又回到家門口，我想好了，丈夫一定會焦急地抓住我的手問："到哪兒去了? 這麼晚出去，你碰見壞人怎麼辦? 你出了事我怎麼辦? 我怎麼向你父母交代?"我就冷冷地說："大家都有會朋友的自由。"可是，我打開家門，丈夫並沒回家。

第二天，有一個編輯來向我約稿，電話打到父母家裏，是媽媽接的。媽媽打電話給我，說："你不要丟了自己拼命建立起來的事業。你才25歲。"

我心裏很亂，下班回到家，餓著肚子寫東西，不時生氣地看一眼厨房，想，男女平等，今天該丈夫做飯了。

丈夫拖著沈重的脚步上樓來了，走進房裏，驚訝地問："你生病了? 怎麼還沒做飯?"我說："我是沒做飯，我要寫文章。"爲了男女平等，當時我真有點兒要跟丈夫大吵一架的想法。丈夫只是看了我一眼，放下公文包，走進厨房，做起飯來。一會兒，丈夫輕聲地叫我："可以吃飯了。"

吃完不是我做的飯，我一點也沒有"平等"了的感覺，心裏像有什麼東西堵著，尤其看到丈夫忙了一天還在看書，看到他皺著眉頭在不停地追求。燈光照出了他一天的辛苦，也照出他內心沒有因爲辛苦而熄滅或用完的熱情。我心裏有一種溫暖的東西像燈光一樣彌漫開來。我明白我現在的感覺便是"平等"。當一個妻子深深地愛著自己丈夫，當她以溫柔的感情去體貼自己的丈夫，她在精神上就"平等"了。這裏充滿著溫柔的愛，這就是世界上所有平等中最好的一種。

(原文作者：陳丹燕，本文稍有刪節。)

背　影

　　我與父親不相見已二年餘了，我最不能忘記的是他的背影。那年冬天，祖母死了，父親的差使也交卸了，正是禍不單行的日子，我從北京到徐州，打算跟著父親奔喪回家。到徐州見著父親，看見滿院狼藉的東西，又想起祖母，不禁簌簌地流下眼淚。父親說，"事已如此，不必難過，好在天無絕人之路！"

　　回家變賣典質，父親還了虧空；又借錢辦了喪事。這些日子，家中光景很是慘澹，一半爲了喪事，一半爲了父親賦閑。喪事完畢，父親要到南京謀事，我也要回北京念書，我們便同行。

　　到南京時，有朋友約去游逛，停留了一日；第二日上午便須渡江到浦口，下午上車北去。父親因爲事忙，本已說定不送我，叫旅館裏一個熟識的茶房陪我同去。他再三囑咐茶房，非常仔細。但他終於不放心，怕茶房不妥帖；頗躊躇了一會。其實我那年已二十歲，北京已來往過兩三次，是沒有什麼要緊的了。他躊躇了一會，終于決定還是自己送我去。我兩三回勸他不必去；他只說，"不要緊，他們去不好！"

　　我們過了江，進了車站。我買票，他忙著照看行李。行李太多了，得向脚夫付些小費，才可過去。他便又忙著和他們講價錢。我那時真是聰明過分，總覺得他說話不大漂亮，非自己插嘴不可。但他終於講定了價錢；就送我上車。他給我揀定了靠車門的一張椅子；我將他給我做的紫毛大衣鋪好座位。他囑我路上小心，夜裏警醒些，不要受涼。又囑托茶房好好照應我。我心裏暗笑他的迂；他們只認得錢，托他們直是白托！而且我這樣大年紀的人，難道還不能料理自己麼？唉，我現在想想，那時真是太聰明了！

　　我說道，"爸爸，你走吧。"他往車外看了看，說，"我買幾個橘子去。你就在此地，不要走動。"我看那邊月臺的栅欄外有幾個賣東西的等著顧客。走到那邊月臺，須穿過鐵道，須跳下去又爬上去。父親是一個胖子，走過去自然要費事些。我本來要去的，他不肯，只好讓他去。我看見他戴著黑布小帽，穿著黑布大馬褂，深青布棉袍，蹣跚地走到鐵道邊，慢慢探身下去，尚不大難。可是他穿過鐵道，要爬上那邊月臺，就不容易了。他用兩手攀著上面，兩腳再向上縮；他肥胖的身子向左微傾，顯出努力的樣子。這時我看見他的背影，我的淚很快地流下來了。我趕緊拭乾了淚，怕他看見，也怕別人看見。我再向外看時，他已抱了朱紅的橘子往回走了。過鐵道時，他先將橘子散放在地上，自己慢慢爬下，再抱起橘子走。到這邊時，我趕緊去攙他。他和我走到車上，將橘子一股腦兒放在我的皮大衣上。于是撲撲衣上的泥土，心裏很輕鬆似的，過一會說，"我走了；到那邊來信!"我望著他走出去。他走了幾步，回過頭看見我，說，"進去吧，裏邊沒人。"等他的背影混入來來往往的人裏，再找不著了，我便進來坐下，我的眼淚又來了。

　　近幾年來，父親和我都是東奔西走，家中光景是一日不如一日。他少年出外謀生，獨力支持，做了許多大事。哪知老境卻如此頹唐！他觸目傷懷，自然情不能自已。情郁於中，自然要發之於外；家庭瑣屑便往往觸他之怒。他待我漸漸不同往日。但最近兩年的不見，他終於忘卻我的不好，只是惦記著我，惦記著我的兒子。我北來後，他寫了一信給我，信中說道，"我身體平安，惟膀子疼痛厲害，舉箸提筆，諸多不便，大約大去之期不遠矣。"我讀到此處，在晶瑩的淚光中，又看見那肥胖的，青布棉袍，黑布馬褂的背影。唉！我不知何時再能與他相見。

一九二五年十月在北京

(朱自清（1898—1948）江蘇省東海縣人，中國現代著名的散文家、詩人和學者。《背影》發表于 1925 年，是他的代表作。本文選自散文集《背影》，少量詞語有改動。)

18年的秘密

1998年5月，我正在緊張地準備參加高考，媽媽突然病了，而且病得很厲害。她住進了醫院。父親是青年報的總編輯，工作十分忙。但無論多忙，他都要親手做雞湯、炒媽媽最喜歡吃的菜送到醫院。我被父親對媽媽的愛感動了。也許，在別人的眼裏，媽媽沒有什麼文化，是個普通女工，她跟爸爸很不般配。但是，我只知道，無論他們之間的差距有多大，他們都深深地相愛著。我只知道我們家是世界上最幸福的。

然而，這種幸福感卻在一個陽光燦爛的下午一下子都沒了。那天我和同學陳麗去書店買書。我偶然向路旁的酒吧看了一眼，但看到的情景讓我驚呆了，要不是親眼看見，說什麼我也不會相信：父親坐在酒吧裏，跟他對面而坐的是一個40多歲穿著入時的女人。那女人一隻手用手帕擦眼睛，另一隻手卻放在父親的手裏！陳麗也看見了，她輕輕地說道：“藝藝，是你爸爸，他和一個女人在一起。”

從此，我就不理父親了。他依舊每天來醫院，依舊每次來去匆匆。不管他怎樣關心媽媽和我，我都堅守自己的原則——不理他。我對父親的冷淡連媽媽也看出來了。一天晚上，父親不在，媽媽看了我很久才說：“藝藝，如果有一天媽媽真的離開了你，你要答應媽一件事，不管發生什麼，都要永遠愛你爸爸。”

在我7月高考後，媽媽永遠地離開了我。媽媽走了，父親也瘦了，他變得沈默寡言了。誰都看得出他心裏是多麼悲痛。但我仍然不理他，把自己關在房間裏。

媽媽去世兩個星期後，一個下午，父親早早地回來了，看見我就說：“藝藝，我要和你談談。你是不是一直在生爸爸的氣?”我低著頭坐著。這時候，桌上的電話響了，我順手拿起話筒，“請問于先生在嗎?”是找父親的。我明白了，肯定是那個女人。我把話筒放在桌上，站起來瞪大眼睛看著父親。

父親很快接完了電話，似乎想到了什麼，對我說：“藝藝，這是爸爸多年前的一位好朋友，半年前剛從美國回來，她說有機會想認識你。”我沒有吭聲，又把自己關進了房間裏。

不久，我接到了北京大學的錄取通知書。當時，我寧可很快離開這個家，也不願意再見到父親。我提著簡單的行李就坐上了去北京的火車。到北京以後，父親常常給我寫信，但我一封也没有回過。

時間過得真快，一晃，第一個學期就結束了。一天上午，門衛敲開了我的門，說是一個男人托他將一封信交給我。

我拆開了信，居然又是父親寫的："藝藝，我知道你一直不想見爸爸，也不願給爸爸回信，可爸爸没有一天不想你。也許你對我的誤會太深，才這樣冷淡。藝藝，爸爸一直在想，要不要把你媽媽去世前寫的一封信給你看。因為這封信會揭開我和你媽媽苦心隱藏了 18 年的秘密。我怕那秘密會使你難過，才遲遲不讓你知道。藝藝，爸爸真的很想你，所以爸爸終於到北京來了。爸爸要對你說：你永遠是爸爸惟一的女兒。"

信封裏確實還有一封折得整整齊齊的信，是媽媽寫的。她寫道：

19 年前，一個年輕軍人告別新婚的妻子去了邊防前線。那時候，父親是一名記者。一天，父親像往常一樣去邊防陣地採訪。哪知，正在他照相的時候，一塊很大的石頭從山上滾了下來，就在這千鈞一髮的時刻，那個年輕的軍人撲到父親的身上。父親只受了點輕傷，而奮不顧身搶救你父親的年輕軍人卻犧牲了。

兩個月後，父親從邊防前線返回來了。他帶著年輕軍人的遺物，在重慶見到了那位軍人的妻子。那時，她快要生孩子了，可她從小就是孤兒，身邊没有一個親人。看著她那凄涼的情景，父親決定留在重慶照顧她，不再回西安。孩子很快就生下來了，是個女孩。兩個月後，父親就和恩人的妻子結了婚。

讀到這裏我明白了，同時也驚呆了。恩人的妻子就是媽媽，女兒就是我，那個捨己救人的年輕軍人才是我的父親，現在的爸爸只是我的養父！

媽媽繼續寫道："藝藝，還要告訴你一件事情，這是我跟你爸爸結婚兩年以後才知道的。你爸爸在和我結婚以前，已有女朋友了，是他的大學同學。他們愛得很深，本來也準備回西安結婚，可由於你爸爸的放棄，她痛苦地去了美國。後來她才知道你爸爸離開她的原因。18 年來，她一直没有忘了你爸爸，但他們的友誼是純潔的。其實，你對爸爸的誤會，我們早就從陳麗那裏瞭解到了。可是你爸爸不讓我說，怕影響你參加高考。我快要離開你們了，才決定寫這封信……"

信還没有看完，我就哭喊道："爸爸，我錯了，我會永遠愛您的。"

（原文題目為"父親的秘密"，作者：夏藝藝，本文稍有刪改。）

珍珠鳥

真好！朋友送我一對珍珠鳥。放在一個簡易的竹籠子裏，籠內還有一團乾草，那是小鳥舒適又溫暖的巢。

有人說，這是一種怕人的鳥。

我把它掛在窗前。那兒還有一盆非常茂盛的法國吊蘭，我便用吊蘭的小綠葉蓋在鳥籠上，它們就像躲進叢林一樣安全；從中傳出又細又亮的叫聲，也就格外輕鬆自在了。

陽光從窗外射入，透過這裏，吊蘭的小葉，一半成了黑影，一半被照透，好像碧玉；生意葱蘢。小鳥的影子就在這中間閃動，看得不很清楚，有時連籠子也看不出，卻見它們可愛的鮮紅小嘴兒從綠葉中伸出來。

我很少扒開葉子看它們，它們便漸漸敢伸出小腦袋瞅瞅我。我們就這樣一點點熟悉了。

三個月後，那一團更加茂盛的綠葉裏邊，發出一種嬌嫩的叫聲。我想，是它們，有了雛兒。我呢？決不掀開葉子往裏看，連添食加水時也不去驚動它們。過不多久，忽然有一個小腦袋從葉間伸出來。更小啊，雛兒！正是這個小傢伙！

它小，就能輕易地從竹籠子裏鑽出來。你看，多麼像它的母親：紅嘴紅腳、灰藍色的毛，只是後背還沒有生出珍珠似的圓圓的白點；它好肥，整個身子好像一個絨毛球兒。

起先，這小傢伙只在籠子旁邊活動，後來就在屋裏飛來飛去，一會兒落在櫃頂上，一會兒站在書架上，啄著書背上的字；一會兒把燈繩撞得來回搖動，接著又跳到畫框上去了。只要大鳥在籠裏生氣兒地叫一聲，它立即飛回籠裏去。

我不管它。這樣久了，打開窗子，它最多只在窗框上站一會兒，決不飛出去。

漸漸它膽子大了，就落在我書桌上。

它開始離我較遠，見我不去傷害它，便一點點挨近，然後跳到我的杯子上，俯下頭來喝茶，再偏過臉看看我的反應。我只是微微一笑，依舊寫東西，它就大著膽子跑到桌上，繞著我的筆尖跳來跳去。

　　我不動聲色地寫著，默默地享受著這小傢伙友好的情意。這樣，它完全放心了，就用小紅嘴啄著我的筆尖。我用手抹一抹它的絨毛，它也不怕，反而友好地啄兩下我的手指。

　　有一次，它居然跳進我的空茶杯裏，透過玻璃瞅我。它不怕我突然把杯口蓋住。是的，我不會。

　　白天，它這樣淘氣地陪著我；天快黑了，它就在父母的再三叫聲中，飛向籠子，扭動滾圓的身子，擠開那些綠葉鑽進去。

　　有一天，我在寫作時，它居然落到我的肩上。我手中的筆不禁停了下來，怕把它驚跑。等了一會兒，扭頭看，這小傢伙竟然趴在我的肩頭睡著了，銀灰色的眼瞼蓋住眸子，小紅腳剛好給長長的絨毛蓋住。我輕輕一抬肩，它沒醒，睡得好熟！

　　我筆尖一動，就寫下一時的感受：

　　信賴，往往創造出美好的境界。

（馮驥才（1942-），浙江慈溪人。當代作家）

语法术语缩略形式一览表
Abbreviations for Grammar Terms

Abbreviation	Grammar Terms in English	Grammar Terms in Chinese	Grammar Terms in Pinyin
A	*Adjective*	形容词	xíngróngcí
Adv	*Adverb*	副词	fùcí
AP	*Adjectival phrase*	形容词短语	xíngróngcí duǎnyǔ
AsPt	*Aspect particle*	动态助词	dòngtài zhùcí
Coll	*Colloquialism*	口语词语	kǒuyǔ cí yǔ
Conj	*Conjunction*	连词	liáncí
IE	*Idiom Expression*	习惯用语	xíguàn yòngyǔ
Int	*Interjection*	叹词	tàncí
M	*Measure Word*	量词	liàngcí
MdPt	*Modal Particle*	语气助词	yǔqì zhùcí
N	*Noun*	名词	míngcí
NP	*Noun Phrase*	名词短语	míngcí duǎnyǔ
Num	*Numeral*	数词	shùcí
Num-MP	*Numeral-Measure Word Phrase*	数量词短语	shùliàngcí duǎnyǔ
O	*Object*	宾语	bīnyǔ
Ono	*Onomatope*	象声词	xiàngshēngcí
OpV	*Optative Verb*	能愿动词	néngyuàn dòngcí
Pt	*Particle*	助词	zhùcí
PN	*Proper Noun*	专有名词	zhuānyǒu míngcí
Pr	*Pronoun*	代词	dàicí
Pref	*Prefix*	词头	cítóu
Prep	*Preposition*	介词	jiècí
PW	*Place Word*	地点词	dìdiǎncí
QPt	*Question Particle*	疑问助词	yíwèn zhùcí
QPr	*Question Pronoun*	疑问代词	yíwèn dàicí
S	*Subject*	主语	zhǔyǔ
S-PP	*Subject-Predicate Phrase*	主谓短语	zhǔwèi duǎnyǔ
StPt	*Structural Particle*	结构助词	jiégòu zhùcí
Suf	*Suffix*	词尾	cíwěi
TW	*Time Word*	时间词	shíjiāncí
V	*Verb*	动词	dòngcí
VC	*Verb Plus Complement*	动补式动词	dòngbǔshì dòngcí
VO	*Verb Plus Object*	动宾式动词	dòngbīnshì dòngcí
VP	*Verbal Phrase*	动词短语	dòngcí duǎnyǔ

生词索引(简繁对照)
Vocabulary Index
(The Simplified Form with
the Complex Form of the Chinese Characters)

词条	繁体	词性	拼音	英译	课号
				A	
唉	唉	Int	āi	alas	58
挨近	挨近	V	āijìn	to be near to; to get close to	60
矮小	矮小	A	ǎixiǎo	short and small	51
矮	矮	A	ǎi	short; low	51
安江农校	安江農校	PN	Ānjiāng Nóngxiào	Anjiang Agricultural School	56
安全	安全	N/A	ānquán	safety; security; safe	60
安慰	安慰	V/N	ānwèi	to comfort; console	52
安稳	安穩	A	ānwěn	smooth and steady	57
暗笑	暗笑	V	ànxiào	to snicker; to snigger	58
				B	
扒	扒	V	bā	to push aside	60
白菜	白菜	N	báicài	cabbage	53
白发苍苍	白髮蒼蒼		bái fà cāngcāng	hoary-haired	51
白领	白領	N	báilǐng	white-collar	55
白肉	白肉	N	báiròu	plain boiled pork	53
白薯	白薯	N	báishǔ	sweet potato	53
般配	般配	A	bānpèi	to be well matched (as in marriage)	59
板凳	板凳	N	bǎndèng	wooden stool	54
扮酷	扮酷		bàn kù	to play the part of a cool person	55
膀子	膀子	N	bǎngzi	arm; upper arm	58
包子	包子	N	bāozi	steamed stuffed bun	52
保留	保留	V	bǎoliú	to keep; to retain	55
保卫	保衛	V	bǎowèi	to defend; to safeguard	55
报答	報答	V	bàodá	to repay	57
抱	抱	V	bào	to hold or carry in the arm	58
悲痛	悲痛	A	bēitòng	grieved; sorrowful	59
背影	背影	N	bèiyǐng	view of sb.'s back	58
背	背	N	bèi	back	58
被子	被子	N	bèizi	quilt	51

奔丧	奔喪	V	bēnsāng	to hasten home for the funeral of a parent or grand-parent	58
鼻子	鼻子	N	bízi	nose	53
笔尖	筆尖	N	bǐjiān	nib; penpoint	60
必定	必定	Adv	bìdìng	must; to be sure to	57
毕竟	畢竟	Adv	bìjìng	after all; all in all	55
碧玉	碧玉	N	bìyù	jade; jasper	60
边防	邊防	N	biānfáng	frontier defence	59
编辑	編輯	V/N	biānjí	to edit; editor	57
便	便	Adv	biàn	as soon as; as much as	51
变卖	變賣	V	biànmài	to sell off (one's property)	58
表层	表層	N	biǎocéng	surface layer	55
表	表	N	biǎo	surface	55
并	並	Conj	bìng	and	52
病友	病友	N	bìngyǒu	people who become friends in hospital; wardmate	52
玻璃	玻璃	N	bōli	glass	51
播种	播種		bō zhǒng	to sow seeds; to sow	56
博士	博士	N	bóshì	doctor	52
不安	不安	A	bù'ān	uneasy	51
不便	不便	N	búbiàn	inconvenience; inappropriateness	58
不得了	不得了	A	bùdéliǎo	(of degrees)extremely; exceedingly	53
*不动声色	*不動聲色		bú dòng shēng sè	to maintain one's composure; to stay calm and collected	60
不见	不見	V	bújiàn	to disappear	54
不禁	不禁	Adv	bùjīn	cannot help doing sth.	52
不久	不久	Adv	bùjiǔ	soon; before long; not long after	55
*不能自已	*不能自已		bù néng zì yǐ	lose control over oneself	58
不时	不時	Adv	bùshí	constantly; frequently	57
不许	不許	V	bùxǔ	not allow	51
不要紧	不要緊		búyàojǐn	not be serious; not matter	53
不知	不知	V	bùzhī	do not know	51

C

擦	擦	V	cā	to scrape; to wipe	51
财产	財產	N	cáichǎn	wealth	52
采访	採訪	V	cǎifǎng	to gather news; to interview	56
惨淡	慘澹	A	cǎndàn	gloomy; dismal	58
灿烂	燦爛	A	cànlàn	magnificent; splendid; bright	59
苍苍	蒼蒼	A	cāngcāng	grey	51
藏	藏	V	cáng	to hide; to conceal	59
侧	側	N	cè	side	51

曾经	曾經	Adv	céngjīng	at one time; ever; once	56
曾	曾	Adv	céng	ever	56
插嘴	插嘴		chā zuǐ	to interrupt; to chop in	58
*茶房	*茶房	N	cháfáng	waiter; steward	58
*差使	*差使	N	chāishi	work; job	58
拆	拆	V	chāi	to dismantle; to remove	52
搀	攙	V	chān	to support sb. by the arm	58
产量	產量	N	chǎnliàng	output; yield	56
产生	產生	V	chǎnshēng	to produce; to bring; to come into being	56
产业	產業	N	chǎnyè	estate; property	55
*长沙	*長沙	PN	Chángshā	Changsha (city in Hunan Province)	53
超过	超過	V	chāoguò	to exceed; to surpass	55
超级	超級	A	chāojí	super	56
巢	巢	N	cháo	nest	60
朝	朝	Prep	cháo	facing; towards	51
吵	吵	V	chǎo	to quarrel; to wrangle; to make a noise	57
车辆	車輛	N	chēliàng	vehicle	54
车厢	車廂	N	chēxiāng	railway carriage	53
沉默寡言	沈默寡言		chénmò guǎ yán	taciturn; reticent; of few words	59
沉默	沈默	A	chénmò	taciturn; silent	59
沉重	沈重	A	chénzhòng	heavy; serious	57
*陈醋	*陳醋	N	chéncù	mature vinegar	53
陈	陳	A	chén	old	53
成	成	M	chéng	one tenth	56
成果	成果	N	chéngguǒ	fruit; achievement; gain	56
成人	成人		chéng rén	to grow up	51
充满	充滿	V	chōngmǎn	to be full of; to fill	57
重庆	重慶	PN	Chóngqìng	Chongqing (name of a city)	59
重新	重新	Adv	chóngxīn	afresh; again	52
愁	愁	V	chóu	to worry	57
踌躇	躊躇	V	chóuchú	to hesitate	58
*瞅	*瞅	V	chǒu	to look at; to see	60
*臭豆腐干	*臭豆腐乾		chòu dòufugān	preserved dry bean curd with a strong, distinctive flavour	53
臭	臭	A	chòu	smelly; foul	53
出事	出事		chū shì	to have an accident	57
出外	出外	V	chūwài	to be away from home	58
*雏儿	*雛兒	N	chúr	young bird (or duckling, etc.)	60
触	觸	V	chù	to touch; to touch off	58
*触目	*觸目	V	chùmù	to meet the eye	58

*触他之怒	*觸他之怒		chù tā zhī nù	make him angry	58
穿	穿	V	chuān	to pass through	58
穿着	穿著	N	chuānzhuó	apparel; dress	59
喘气	喘氣		chuǎn qì	breathe (deeply); pant; gasp	51
窗帘	窗簾	N	chuānglián	curtain; window curtain	52
床罩	床罩	N	chuángzhào	bedspread; counterpane	52
创造	創造	V/N	chuàngzào	to create; creation	60
纯洁	純潔	A	chúnjié	pure	59
纯种	純種	A	chúnzhǒng	thoroughbred; purebred	56
纯	純	A	chún	pure; unmixed; simple	56
慈祥	慈祥	A	cíxiáng	kindly	51
此地	此地	N	cǐdì	here; this place	58
从头	從頭	Adv	cóngtóu	from the beginning	52
从小	從小	Adv	cóngxiǎo	from childhood	51
从中	從中	Adv	cóngzhōng	from among; out of	60
匆匆	匆匆	Adv	cōngcōng	hurriedly	51
丛林	叢林	N	cónglín	jungle; forest	60
凑	湊	V	còu	to make up the number or amount; to serve as a stopgap	51
粗壮	粗壯	A	cūzhuàng	thick and strong	56
粗	粗	A	cū	wide; thick; coarse	56
促使	促使	V	cùshǐ	to urge; to impel	56
醋	醋	N	cù	vinegar	53

D

答复	答復	V	dáfù	to reply	52
答应	答應	V	dāying	to consent to; to promise	59
打破	打破	V	dǎpò	to break; to smash	56
大多	大多	Adv	dàduō	mostly, for the most part	53
大伙	大夥	N	dàhuǒ	everybody; we all	54
*大去	*大去	V	dàqù	to die	58
大人物	大人物	N	dàrénwù	great personage; big shot; VIP	53
大体	大體	Adv	dàtǐ	roughly; more or less	53
大约	大約	Adv	dàyuē	approximately; about	55
大衣	大衣	N	dàyī	overcoat	58
大丈夫主义	大丈夫主義		dàzhàngfu zhǔyì	male chauvinism	57
大丈夫	大丈夫	N	dàzhàngfu	true man; real man	57
呆	呆	A	dāi	slow-witted; silly	59
待	待	V	dài	to treat; to deal with	58
耽误	耽誤	V	dānwu	to delay; to hold up	52
胆子	膽子	N	dǎnzi	courage; nerve	60
淡	淡	A	dàn	tasteless	53

当	當	V	dāng	to treat as; to regard as; to take for	57
当年	當年	N	dāngnián	in those years	51
倒	倒	V	dào	to pour	51
倒	倒	Adv	dào	*indicating concession*	53
捣	搗	V	dǎo	to smash; to pug	53
到处	到處	N	dàochù	at all places; everywhere	54
道路	道路	N	dàolù	path; road; way	57
灯光	燈光	N	dēngguāng	lamplight	57
瞪眼	瞪眼		dèng yǎn	to glare; to stare	53
瞪	瞪	V	dèng	to open wide; to stare	53
地域	地域	N	dìyù	region; district	53
地震	地震	N/V	dìzhèn	earthquake; earthshock	51
*典质	*典質	V	diǎnzhì	to mortgage; to pawn	58
惦记	惦記	V	diànjì	to keep thinking about; to remember with concern	58
吊兰	吊蘭	N	diàolán	chlorophytum comosum	60
吊	吊	V	diào	to hang; to suspend	60
东奔西走	東奔西走		dōng bēn xī zǒu	to run here and there	58
东南大学	東南大學	PN	Dōngnán Dàxué	Southeast University	56
豆腐	豆腐	N	dòufu	bean curd	53
*豆汁	*豆汁	N	dòuzhī	fermented drink made from ground mung beans	54
*独力	*獨力	Adv	dúlì	independently; on one's own	58
独自	獨自	Adv	dúzì	alone; by oneself	57
独	獨	A	dú	only; alone	57
堵	堵	V	dǔ	to stop up; to block up	57
渡	渡	V	dù	to cross a river	58
堆	堆	M	duī	heap; pile; crowd	54
对于	對於	Prep	duìyú	with regard to; concerning to	57
蹲	蹲	V	dūn	to squat on the heels	54
躲	躲	V	duǒ	to hide (oneself); to avoid; to dodge	60

E

恩人	恩人	N	ēnrén	benefactor	59
恩	恩	N	ēn	favor; grace; kindness	59
儿童	兒童	N	értóng	children	52

F

发	髮	N	fà	hair	59
发表	發表	V	fābiǎo	to express one's opinions; to publish	57

发生	發生	V	fāshēng	to happen; to occur; to take place	52
繁华	繁華	A	fánhuá	flourishing	54
反复	反復	Adv/N	fǎnfù	repeatedly; again and again; repeat	57
反应	反應	N/V	fǎnyìng	response; reaction; to react	60
返回	返回	V	fǎnhuí	to return; to come or go back	59
返	返	V	fǎn	to return	59
防	防	V	fáng	to defend; to guard against	59
房东	房東	N	fángdōng	landlord	52
放弃	放棄	V	fàngqì	to abandon; to give up	59
放养	放養	V	fàngyǎng	put (cattles, etc.) in a natural place to breed	55
飞	飛	V	fēi	to fly	56
肥	肥	A	féi	fat; loose	60
肥胖	肥胖	A	féipàng	fat	58
废墟	廢墟	N	fèixū	ruins; debris	52
费事	費事	V	fèishì	to give or take a lot of trouble	58
分化	分化	V/N	fēnhuà	to differentiate; to become divided; differentiation	56
坟墓	墳墓	N	fénmù	tomb; grave	57
份	份	M	fèn	*measure word for certain abstract things*	55
奋不顾身	奮不顧身		fèn bù gù shēn	to dash ahead regardless of one's safety	59
奋斗	奮鬥	V	fèndòu	to strive; to struggle	52
愤怒	憤怒	A	fènnù	indignant; angry	57
粪便	糞便	N	fènbiàn	excrement and urine; night soil	55
扶	扶	V	fú	to support with the hand	51
服装设计	服裝設計		fúzhāng shèjì	dress designing	52
服装	服裝	N	fúzhuāng	clothing; costume	52
*福建	*福建	PN	Fújiàn	Fujian (Province)	53
俯	俯	V	fǔ	to bow one's head; to pronate	60
*赋闲	*賦閑	V	fùxián	to be unemployed	58

G

盖(住)	蓋(住)	V	gài(zhù)	to cover; to lid	60
干草	乾草	N	gāncǎo	hay	55
干酪	乾酪	N	gānlào	cheese	53
干燥	乾燥	A	gānzào	dry; arid	51
干	乾	A	gān	dry	51
赶紧	趕緊	Adv	gǎnjǐn	to hasten; to lose no time	58
感到	感到	V	gǎndào	to feel	52

感动	感動	V	gǎndòng	to be affected; to be moved	52
感受	感受	N	gǎnshòu	experience; feel	60
缸	缸	N	gāng	crock; urn; vat	53
高大	高大	A	gāodà	tall and big	54
高考	高考	N	gāokǎo	university entrance examination	59
稿	稿	N	gǎo	manuscript; article; draft	57
告别	告別		gào bié	say good-bye	59
革命性	革命性	N	gémìngxìng	revolutionary spirit	56
革命	革命	V/N	gémìng	to revolute; revolution	56
格外	格外	Adv	géwài	especially; all the more	60
各种各样	各種各樣		gèzhǒng gèyàng	all kinds of	54
各自	各自	Pr	gèzì	each	51
根	根	M	gēn	long thinpiece	53
工程院	工程院	N	gōngchéngyuàn	academy of engineering	56
工程	工程	N	gōngchéng	engineering; project	56
工业	工業	N	gōngyè	industry	55
工业化	工業化	V	gōngyèhuà	to industrialize	55
公斤	公斤	M	gōngjīn	kilogram; kg	56
公文包	公文包	N	gōngwénbāo	briefcase	57
公文	公文	N	gōngwén	official document	57
攻	攻	V	gōng	to attack; to study	56
供应	供應	V	gōngyìng	to accommodate; to provide	53
估计	估計	V	gūjì	to estimate	55
孤儿	孤兒	N	gū'ér	orphan	59
谷物	穀物	N	gǔwù	cereal; grain	55
*鼓楼	*鼓樓	PN	Gǔlóu	Drum-tower (name of a place in Beijing)	54
观察	觀察	V	guānchá	to observe; to watch	56
灌溉	灌溉	V	guàngài	to irrigate	55
光	光	A	guāng	used up; nothing left	52
光	光	N	guāng	light	58
光景	光景	N	guāngjǐng	circumstances; conditions	58
广告牌	廣告牌	N	guǎnggàopái	billboard	54
*广东	*廣東	PN	Guǎngdōng	Guangdong (Province)	53
*广西	*廣西	PN	Guǎngxī	Guangxi (Autonomous Region)	53
柜	櫃	N	guì	cupboard; cabinet	51
*贵州	*貴州	PN	Guìzhōu	Guizhou (Province)	53
滚	滾	V	gǔn	to roll	59
滚圆	滾圓	A	gǔnyuán	round as a ball	60
果实	果實	N	guǒshí	fruit	56
过分	過分	Adv	guòfèn	excessive; undue; over	58

H

寒冷	寒冷	A	hánlěng	cold; frigid	56
喊	喊	V	hǎn	to shout; to yell; to cry out	52
*汉口	*漢口	PN	Hànkǒu	Hankou (city in Hubei Prouince)	53
豪华	豪華	A	háohuá	luxurious; splendid	54
豪爽	豪爽	A	háoshuǎng	bold and uninhibited	54
好汉	好漢	N	hǎohàn	brave man; true man; hero	57
好在	好在	Adv	hǎozài	fortunately; luckily	58
好	好	V	hào	to like; to love; to be fond of	56
好客	好客	A	hàokè	be hospitable; to keep an open house	54
*河北	*河北	PN	Héběi	Hebei(Province)	53
何时	何時	Pr	héshí	when	58
黑人	黑人	N	hēirén	Black	52
黑影	黑影	N	hēiyǐng	dark shadow	60
厚	厚	A	hòu	thick; deep; large	53
候鸟	候鳥	N	hòuniǎo	migratory bird	56
忽然	忽然	Adv	hūrán	all of a sudden; suddenly	60
户	户	N	hù	door; family	53
*花椒	*花椒	N	huājiāo	Chinese prickly ash	53
花生	花生	N	huāshēng	peanut	56
话筒	話筒	N	huàtǒng	micro phone; transmitter	59
槐树	槐樹	N	huáishù	Chinese scholartree	54
坏人	壞人	N	huàirén	bad person	57
环形	環形	N	huánxíng	annular; ring-like	54
灰尘	灰塵	N	huīchén	dust; dirt	51
灰	灰	N	huī	ash	51
灰蓝	灰藍	A	huīlán	greyish blue	60
灰	灰	A	huī	grey	60
婚姻	婚姻	N	hūnyīn	marriage; wedlock	57
混入	混入	V	hùnrù	to mingle with	58
*火宫殿	*火宫殿	PN	Huǒgōngdiàn	Huogongdian (name of a restaurant)	53
祸不单行	禍不單行		huò bù dān xíng	misfortunes never come singly	58

J

积极	積極	A	jījí	positive; active	55
基于	基於	V/Prep	jīyú	because of; in view of	55
激动	激動	A/V	jīdòng	excited; to excite	57
挤	擠	V	jǐ	to squeeze; to jostle; to crowd	54
记忆	記憶	V/N	jìyì	to remember; to recall; memory	56
家底	家底	N	jiādǐ	family property accumulated over a long time; resources	53

家伙	傢伙	N	jiāhuo	fellow; guy (refering to an animal or person)	60
家禽	家禽	N	jiāqín	domestic fowl; poultry	55
家畜	家畜	N	jiāchù	domestic animal; livestock	55
价格	價格	N	jiàgé	price; value	53
坚强	堅強	A	jiānqiáng	strong; staunch	52
坚守	堅守	V	jiānshǒu	to stick to; to hold one's ground	59
坚信	堅信	V	jiānxìn	to firmly believe	56
肩	肩	N	jiān	shoulder	60
拣	揀	V	jiǎn	to choose; to select	58
简易	簡易	A	jiǎnyì	simple and easy	60
建筑	建築	N/V	jiànzhù	architecture; building; to build; to construct	54
渐渐	漸漸	Adv	jiànjiàn	gradually; little by little	57
将	將	Adv/Prep	jiāng	would; to be going to; *preposition used to introduce the object before the verb*	55
讲价钱	講價錢		jiǎng jiàqian	to bargain	58
奖	獎	N	jiǎng	award; prize	56
奖学金	獎學金	N	jiǎngxuéjīn	fellowship; scholarship	52
脚步	腳步	N	jiǎobù	footfall; footstep	57
交代	交代	V	jiāodài	to explain; to account for; to hand over	57
交际舞	交際舞	N	jiāojìwǔ	ballroom dance	54
交际	交際	N/V	jiāojì	communication; social intercourse	54
*交卸	*交卸	V	jiāoxiè	to hand over official duties to one's successor	58
娇嫩	嬌嫩	A	jiāonèn	delicate; tender and lovely	60
骄傲	驕傲	A	jiāo'ào	arrogant; proud	57
交代	交代	V	jiāodài	to explain; to account for; to hand over	57
焦急	焦急	A	jiāojí	anxious; worried	57
脚步	腳步	N	jiǎobù	footfall; footstep	57
揭	揭	V	jiē	to uncover; to unveil; to take off	59
*脚夫	*腳夫	N	jiǎofū	porter	58
街道	街道	N	jiēdào	street	54
节省	節省	V	jiéshěng	to save	52
节奏	節奏	N	jiézòu	rhythm; tempo	54
结束	結束	V	jiéshù	to end; to finish	59
解放	解放	V/N	jiěfàng	to liberate; to emancipate; liberation	57
仅仅	僅僅	Adv	jǐnjǐn	barely; merely	54

紧	緊	Adv	jǐn	tight	52
惊呆	驚呆	V	jīngdāi	stunned; stupefied	59
惊动	驚動	V	jīngdòng	to disturb; to startle	60
惊	驚	V	jīng	to be frightened; to shock; to surprise	60
惊讶	驚訝	A	jīngyà	surprised; astonished	57
*晶莹	*晶瑩	A	jīngyíng	sparkling and crystal-clear; glittering and translucent	58
*景山	景山	PN	Jǐngshān	Coal Hill (name of a park in Beijing)	54
景象	景象	N	jǐngxiàng	scene; sight	54
警醒	警醒	V/A	jǐngxǐng	to sleep lightly; vigilant; alert	58
竟然	竟然	Adv	jìngrán	unexpectedly; to one's surprise; actually	51
境界	境界	N	jìngjiè	state; realm	60
救	救	V	jiù	to save	52
居然	居然	Adv	jūrán	unexpectedly	53
橘子	橘子	N	júzi	tangerine	58
聚集	聚集	V	jùjí	to gather; to assemble; to collect	54
具体	具體	A	jùtǐ	concrete; specific	55
决	決	Adv	jué	definitely	60
决心	決心	V/N	juéxīn	to determine; decision; determination	56
角色	角色	N	juésè	role; part	57
绝望	絕望	A	juéwàng	to despair; in despair	52
军人	軍人	N	jūnrén	armyman; serviceman	59
军	軍	N	jūn	army; corps	59
钧	鈞	M	jūn	*ancient unit of weight* (equal to 15 kilos)	59

K

开朗	開朗	A	kāilǎng	sanguine; optimistic; cheerful	54
开心	開心	A	kāixīn	happy; joyous	54
侃	侃	V	kǎn	to chat idly	54
抗议	抗議	V	kàngyì	to protest	53
颗粒	顆粒	N	kēlì	granule (anything small and roundish); grain	56
吭声	吭聲		kēng shēng	to utter a sound	59
空调	空調	N	kōngtiáo	air-conditioner	54
口味	口味	N	kǒuwèi	taste	53
扣	扣	V	kòu	to place a cup, bowl, etc. upside down	51

*苦瓜	*苦瓜	N	kǔguā	balsam pear	53
苦心	苦心	N	kǔxīn	trouble taken; pains	59
酷	酷	A	kù	cool	55
宽阔	寬闊	A	kuānkuò	broad; wide	54
宽	寬	A	kuān	wide	54
框	框	N	kuàng	frame; case	60
亏空	虧空	N	kuīkong	debt; deficit	58

L

辣椒	辣椒	N	làjiāo	hot pepper; capsicum; chilli	53
狼藉	狼藉	N	lángjí	in disorder	58
*老境	*老境	N	lǎojìng	life and circumstances in old age	58
泪	淚	N	lèi	tear; teardrop	58
冷淡	冷淡	A	lěngdàn	cold; indifferent; to treat coldly	59
冷清	冷清	A	lěngqīng	cold and cheerless; lonely; deserted	51
李志强	李志強	PN	Lǐ Zhìqiáng	Li zhiqiang (name of a person)	52
理	理	V	lǐ	to pay attention to; to acknowledge	59
理由	理由	N	lǐyóu	reason; ground; argument	55
立即	立即	Adv	lìjí	immediately; at once	57
脸	臉	N	liǎn	face	51
恋爱	戀愛	N/V	liàn'ài	love; to be in love	57
良	良	A	liáng	fine	57
*辽宁	*遼寧	PN	Liáoníng	Liaoning (Province)	53
料理	料理	V	liàolǐ	to take care of; to manage	58
琳琅满目	琳琅滿目		línláng mǎnmù	superb collection of beautiful things; feast for the eyes	54
流	流	V	liú	to flow; to stream	58
留	留	V	liú	to leave behind	52
笼	籠	N	lóng	cage; coop	60
录取	錄取	V	lùqǔ	to enroll; to admit	59
旅馆	旅館	N	lǚguǎn	hotel	58
论文	論文	N	lùnwén	thesis; paper	52
落	落	V	luò	to drop; to get down	60

M

麻	麻	A	má	feeling slight prickles or tremors (of tongue)	53
麻婆豆腐	麻婆豆腐		Mápó dòufu	pockmarked grandma's bean curd	53
*马褂	*馬褂	N	mǎguà	mandarin jacket	58
马路	馬路	N	mǎlù	street	54
满足	滿足	V	mǎnzú	to satisfy; to content	55
漫漫长夜	漫漫長夜		mànmàn cháng yè	long night	51

漫漫	漫漫	A	mànmàn	boundless; (of time) long and slow	51
茂盛	茂盛	A	màoshèng	(of plants) luxuriant; exuberant; flourishing	60
帽(子)	帽(子)	N	mào(zi)	cap; hat	58
没法	沒法	V	méifǎ	can do nothing about it; cannot help it	53
美好	美好	A	měihǎo	fine; happy	57
门卫	門衛	N	ménwèi	entrance guard	59
弥漫	彌漫	V	mímàn	to fill the air; to spread all over the place	57
迷恋	迷戀	V	míliàn	be infatuated with; madly cling to	54
秘密	秘密	N	mìmì	secret	59
棉袍	棉袍	N	miánpáo	cotton robe	58
免不了	免不了		miǎnbùliǎo	be unavoidable; be bound to be	54
免	免	V	miǎn	to avoid; be excused from	54
勉强	勉強	A/V	miǎnqiǎng	reluctant; to do with difficulty	52
面前	面前	N	miànqián	in front of; in the face of; before	54
摸	摸	V	mō	to touch	51
抹	抹	V	mǒ	to rub on; to touch	60
默默	默默	Adv	mòmò	silently	60
眸子	眸子	N	móuzi	pupil of the eye; eye	60
谋生	謀生	V	móushēng	to seek a livelihood; to make a living	58
谋事	謀事	V	móushì	to look for a job	58
母爱	母愛	N	mǔ'ài	mother love	51
亩	畝	M	mǔ	*mu* (a chinese unit of area equal to 1/15 of a hectare or 1/6 of an acre)	56
亩产	畝產	N	mǔchǎn	production of one *mu*	56
目标	目標	N	mùbiāo	aim; goal	56

N

哪怕	哪怕	Conj	nǎpà	even if	56
*南京	*南京	PN	Nánjīng	Nanjing (city in Jiangsu Province)	53
内心	内心	N	nèixīn	heart; innermost being	57
难关	難關	N	nánguān	difficulty	56
脑袋	腦袋	N	nǎodai	head; mind	60
能源	能源	N	néngyuán	energy resource	55
泥土	泥土	N	nítǔ	earth; soil; clay	58
霓虹灯	霓虹燈	N	níhóngdēng	neon light	54
腻	膩	A	nì	oily; be bored with	55
念书	念書		niànshū	to study	58
娘家	娘家	N	niángjia	a married woman's parents' home	54

鸟	鳥	N	niǎo	bird	60
宁可	寧可	Adv	nìngkě	would rather	59
扭头	扭頭		niǔ tóu	to turn round	60
农贸市场	農貿市場		nóngmào shìchǎng	market for farm produce	53
怒	怒	A/N	nù	angry; fury; rage	58
女性	女性	N	nǚxìng	female; woman	57
挪	挪	V	nuó	to move; to shift	51

O

| 偶然 | 偶然 | A | ǒurán | accidental; by chance | 59 |

P

趴	趴	V	pā	to bend over; to lie prone	60
怕人	怕人	V	pàrén	to be afraid of people	60
排放	排放	V	páifàng	to discharge; to release	55
攀	攀	V	pān	to clamber; to climb	58
*蹒跚	*蹒跚	V	pánshān	to stagger; to limp	58
胖子	胖子	N	pàngzi	fat person; fatty	58
培育	培育	V	péiyù	to breed; to cultivate	56
赔偿	賠償	V/N	péicháng	to compensate; to pay for; compensation	52
碰见	碰見	V	pèngjiàn	to meet unexpectedly; to run into	57
皮肉	皮肉	N	píròu	skin and flesh; body	54
片	片	M	piàn	slice; flat, thin, small piece of sth.	52
偏	偏	V	piān	to be leaning to one side	60
品质	品質	N	pǐnzhì	character; quality	56
颇	頗	Adv	pō	considerably; quite	58
破产	破產		pò chǎn	to go bankrupt	52
扑	撲	V	pū	to flap; to pat	58
铺	鋪	V	pū	to spread	58
*浦口	*浦口	PN	Púkǒu	Pukou (name of a place in Jiangsu Province)	58

Q

凄凉	淒涼	A	qīliáng	dreary; miserable	59
其他	其他	A	qítā	else; other	55
起先	起先	Adv	qǐxiān	at first; in the beginning	60
弃	棄	V	qì	to discard; to throw away	59
气体	氣體	N	qìtǐ	gas	55
千方百计	千方百計		qiānfāng bǎijì	by every possible means; by hook or by crook	53
千钧一发	千鈞一髮		qiān jūn yí fà	a hundred weight hanging by a hair; in imminent peril	59

前线	前線	N	qiánxiàn	frontline; front 59	
强烈	強烈	A	qiángliè	strong; intense; violent	53
抢救	搶救	V	qiǎngjiù	to rescue; to salvage	52
亲人	親人	N	qīnrén	one's family member; dear ones	59
亲手	親手	Adv	qīnshǒu	with one's own hands	59
亲自	親自	Adv	qīnzì	personally; in person; oneself	51
侵蚀	侵蚀	V	qīnshí	to corrade; to erode	55
青(色)	青(色)	A	qīng(sè)	blue or green	58
轻伤	輕傷	N	qīngshāng	a slight (or minor) wound	59
轻松	輕鬆	A	qīngsōng	light; relaxed	58
轻易	輕易	A	qīngyì	easy	60
倾	傾	V	qīng	to bend; to lean; to incline	58
清醒	清醒	A	qīngxǐng	clear-headed; to regain consciousness	52
情	情	N	qíng	affection; feeling	58
情景	情景	N	qíngjǐng	scene	51
情人节	情人節	PN	Qíngrén Jié	Valentine's Day	52
情人	情人	N	qíngrén	sweetheart	52
情意	情意	N	qíngyì	affection;friendly regards	60
庆祝	慶祝	V/N	qìngzhù	to celebrate;celebration	52
取代	取代	V	qǔdài	to replace; to supersede	54
取得	取得	V	qǔdé	to get;to obtain	55
去世	去世	V	qùshì	to die; to pass away	59
圈	圈	N	quān	circle	54
全球	全球	N/A	quánqiú	whole world; global	55

R

然而	然而	Conj	rán'ér	however; nevertheless; whereas	52
绕	繞	V	rào	to move round; to circle	60
人类	人類	N	rénlèi	mankind; humanity	55
人物	人物	N	rénwù	figure; personage	53
绒毛	絨毛	N	róngmáo	fine hair; villus	60
荣誉	榮譽	N	róngyù	honour; credit	56
肉食	肉食	N	ròushí	carnivorous; meat	55
如此	如此	Pr	rúcǐ	so; thus; herein	58
如何	如何	Adv	rúhé	how	57
如今	如今	N	rújīn	nowadays; now	51
入时	入時	A	rùshí	fashionable	59
入睡	入睡		rù shuì	to fall asleep	51
褥子	褥子	N	rùzi	tick; mattress	51

S

洒	灑	V	sǎ	to sprinkle; to spray; to spill	57

散	散	V	sǎn	to scatter; to disperse	58
丧事	喪事	N	sāngshì	funeral arrangement	58
扫帚	掃帚	N	sàozhou	broom	56
杀	殺	V	shā	to kill	52
杀害	殺害	V	shāhài	to murder; to kill	55
山南海北	山南海北		shān nán hǎi běi	chat aimlessly	54
*山西	*山西	PN	Shānxī	Shanxi (Province)	53
闪动	閃動	V	shǎndòng	to flash; to flicker; to twinkle	60
伤害	傷害	V	shānghài	to damage; to harm	60
*伤怀	*傷懷	V	shānghuái	sad; grieved	58
商城	商城	N	shāngchéng	market	54
尚	尚	Adv	shàng	still; yet	58
烧伤	燒傷	N	shāoshāng	burn	52
烧	燒	V	shāo	to burn	52
少年不识愁滋味	少年不識愁滋味		shàonián bù shí chóu zīwèi	youth do not know the taste of worries	57
少年	少年	N	shàonián	early youth (from ten to sixteen)	57
少数	少數	A	shǎoshù	few; minority	55
舍己救人	捨己救人		shě jǐ jiù rén	to save sb. else' life at the risk of one's own	59
舍	捨	V	shě	to abandon; to give up	59
设计	設計	V	shèjì	to design	52
射入	射入	V	shèrù	to send out (light, etc.); to hit	60
射	射	V	shè	to shoot; to fire	60
伸	伸	V	shēn	to stretch; to extend	60
甚至	甚至	Adv	shènzhì	even to the extent that; (go) as far as to	54
升	升	M	shēng	litre	55
升华	昇華	V/N	shēnghuá	to sublimate; sublimation	57
生存	生存	V	shēngcún	to exist; to live	55
*生意葱茏	*生意蔥蘢		shēngyì cōnglóng	(of plants) verdant; luxuriantly green	60
绳	繩	N	shéng	rope; cord; string	60
剩	剩	V	shèng	to remain; to be left (over)	52
十分	十分	Adv	shífēn	fully; utterly; extremely	56
石头	石頭	N	shítou	stone; rock	59
时刻	時刻	N	shíkè	(a point of) time; hour; moment	57
食品	食品	N	shípǐn	food	55
使用	使用	V	shǐyòng	to use	55
使	使	V	shǐ	to use	55
世人	世人	N	shìrén	common people	54
拭	拭	V	shì	to wipe; to wipe away	58

收获	收穫	V	shōuhuò	to harvest; to gain	56
手帕	手帕	N	shǒupà	handkerchief	59
受凉	受涼		shòu liáng	to catch cold	58
授予	授予	V	shòuyǔ	to award; to confer	56
书柜	書櫃	N	shūguì	book cabinet; bookcase	51
舒适	舒適	A	shūshì	comfortable; cosy	60
熟识	熟識	V	shúshí	to be familiar with	58
属于	屬於	V	shǔyú	to belong to; to the part of	53
数量	數量	N	shùliàng	amount; quantity	55
甩	甩	V	shuǎi	to swing; to throw	57
双数	雙數	N	shuāngshù	dual; even number	51
水稻	水稻	N	shuǐdào	paddy; rice	56
水源	水源	N	shuǐyuán	source of a river; waterhead	55
顺手	順手	Adv	shùnshǒu	conveniently; to do sth. as a natural sequence; handy	59
说道	說道	V	shuōdào	to say	58
说亲	說親		shuō qīn	to act as a matchmaker	53
硕士	碩士	N	shuòshì	master	52
似乎	似乎	Adv	sìhū	as if; seem to	59
饲养	飼養	V	sìyǎng	to raise; to rear	55
*苏州	*蘇州	PN	Sūzhōu	Suzhou (city in Jiangsu Province)	53
素菜	素菜	N	sùcài	vegetable dish	55
素食	素食	N	sùshí	vegetarian diet	55
簌簌	簌簌	Ono/A	sùsù	rustle; (tears) streaming down	58
*酸菜	*酸菜	N	suāncài	pickled Chinese cabbage; Chinese sauerkraut	53
酸	酸	A	suān	acid	53
算是	算是	Adv	suànshì	regard as; count as	52
碎	碎	A	suì	broken; fragmentary	53
穗子	穗子	N	suìzi	ear of grain; spike	56
缩	縮	V	suō	to contract; to draw back; to withdraw	58
所	所	Pt	suǒ	*particle used before a verb to form a NP*	54
*琐屑	*瑣屑	N	suǒxiè	trivial	58

T

*太原	*太原	PN	Tàiyuán	Taiyuan (city in Shanxi Province)	53
谈论	談論	V	tánlùn	to talk about; to discuss	57
探身	探身		tàn shēn	stretch forward one's body	58
探	探	V	tàn	to stretch forward; to explore	58
汤米	湯米	PN	Tāngmǐ	Tommy (name of a person)	52

淘气	淘氣	A	táoqì	naughty; mischievous	60
疼痛	疼痛	V	téngtòng	to ache; to pain	58
体贴	體貼	V	tǐtiē	to show consideration for	57
体现	體現	N/V	tǐxiàn	embodiment; to embody; to incarnate	54
天然	天然	A	tiānrán	natural	56
天无绝人之路	天無絕人之路		tiān wú jué rén zhī lù	Heaven will always leave a door open.	58
甜食	甜食	N	tiánshí	sweet food	53
铁道	鐵道	N	tiědào	railroad; railway	58
停留	停留	V	tíngliú	to stay for a time; to stop	58
通知	通知	V	tōngzhī	to inform; to notify	53
同时	同時	Conj	tóngshí	at the same time	59
同屋	同屋	N	tóngwū	roommate	57
同行	同行	V	tóngxíng	travel together	58
痛苦	痛苦	N	tòngkǔ	pain; suffering	59
透	透	V	tòu	to show; to appear	54
土地	土地	N	tǔdì	land; soil	55
土壤	土壤	N	tǔrǎng	soil	55
团	團	M	tuán	measure word for ball-shaped things	60
推迟	推遲	V	tuīchí	to suspend; to defer	52
*颓唐	*頹唐	A	tuítáng	dejected; dispirited	58
退	退	V	tuì	to move back; to return	52
拖	拖	V	tuō	to pull; to drag; to delay	57
托	托	V	tuō	to ask for help; to entrust	58
妥帖	妥帖	A	tuǒtiē	appropriate	58

W

完毕	完畢	V	wánbì	to finish; to complete; to end	58
往常	往常	N	wǎngcháng	in the past; fomerly	59
往日	往日	N	wǎngrì	in former days	58
往往	往往	Adv	wǎngwǎng	often; frequently	58
忘记	忘記	V	wàngjì	to forget	58
*忘却	*忘卻	V	wàngquè	to forget	58
望	望	V	wàng	to gaze into the distance; to look far ahead	51
危险	危險	N/A	wēixiǎn	danger; dangerous	57
微	微	A	wēi	slight; tiny	58
微微	微微	Adv	wēiwēi	sightly	60
*惟	*惟	Adv	wéi	but; only that	58
委屈	委屈	V	wěiqu	to feel wronged; to nurse a grievance	57

卫	衛	V	wèi	to defend; to guard; to protect	59
味	味	N	wèi	taste; flavour; sapor	53
未来	未來	N	wèilái	future; in the future	57
温暖	溫暖	A	wēnnuǎn	warm	56
温柔	溫柔	A	wēnróu	gentle and soft	57
闻	聞	V	wén	to smell	53
闻名	聞名	A	wénmíng	famous	54
污水	污水	N	wūshuǐ	foul (or polluted) water; sewage	55
无可奈何	無可奈何		wú kě nàihé	to have no alternative; to have no other way	54
*无锡	*無錫	PN	Wúxī	Wuxi (city in Jiangsu Province)	53
五颜六色	五顏六色		wǔyán liùsè	of all colors; colorful	54
午餐	午餐	N	wǔcān	lunch	55
误会	誤會	V/N	wùhuì	to misunderstand; misunderstanding	59

X

*西单	*西單	PN	Xīdān	Xidan (name of a place in Beijing)	54
西南农业学院	西南農業學院	PN	Xīnán Nóngyè Xuéyuàn	Southwest Agriculture Institute	56
*西直门	*西直門	PN	Xīzhímén	Xizhimen (name of a place in Beijing)	54
吸引	吸引	V	xīyǐn	to attract; to draw	56
牺牲	犧牲	V	xīshēng	to sacrifice; to give up	59
熄	熄	V	xī	to put out (light,etc.); to extinguish	57
熄灭	熄滅	V	xīmiè	(of a fire, light, etc.) to go out	57
*细菜	*細菜	N	xìcài	vegetable out of season and in short supply	53
下决心	下決心		xià juéxīn	to decide; to make up one's mind	56
下面	下面		xià miàn	to cook noodles in boiling water	53
掀	掀	V	xiān	to lift	60
鲜红	鮮紅	A	xiānhóng	bright red; scarlet	60
贤妻良母	賢妻良母		xián qī liáng mǔ	virtuous wife and loving mother	57
贤	賢	A	xián	virtuous	57
咸	鹹	A	xián	salted; salty	53
显得	顯得	V	xiǎnde	to look; to seem; to appear	51
线	線	N	xiàn	line; thread	53
馅饼	餡餅	N	xiànbǐng	pie	52
馅	餡	N	xiàn	stuffing	52
相见	相見	V	xiāngjiàn	to meet	58
响	響	V	xiǎng	to make a sound	59
项目	項目	N	xiàngmù	item; project	56
消费	消費	V	xiāofèi	to consume	55

消耗	消耗	V	xiāohào	to consume; to use up	55
小吃	小吃	N	xiǎochī	snacks; refreshments	54
小心	小心	V/A	xiǎoxīn	to be careful	58
笑容	笑容	N	xiàoróng	smiling expression; smile	54
写字楼	寫字樓	N	xiězìlóu	office building	55
写作	寫作	V/N	xiězuò	to write; writing	57
谢天谢地	謝天謝地		xiè tiān xiè dì	thank God	52
心情	心情	N	xīnqíng	frame of mind; mood	55
新装	新裝	N	xīnzhuāng	new clothes; new look	54
信封	信封	N	xìnfēng	envelope	59
信赖	信賴	V	xìnlài	to trust; to have faith in	60
信仰	信仰	N	xìnyǎng	faith; belief	55
腥	腥	A	xīng	having the smell of fish	53
行李	行李	N	xíngli	baggage; luggage	58
醒	醒	V	xǐng	to wake up; to regain consciousness	52
醒悟	醒悟	V	xǐngwù	to wake up to reality; to come to realize the truth	57
…性	…性	N/Suf	…xìng	nature	55
性格	性格	N	xìnggé	character	53
修(建)	修(建)	V	xiū(jiàn)	to build; to repair	54
须	須	V	xū	must	58
*徐州	*徐州	PN	Xúzhōu	Xuzhou (city in Jiangsu Province)	58
学期	學期	N	xuéqī	term; semester	59
学说	學說	N	xuéshuō	doctrine; theory	56
学位	學位	N	xuéwèi	academic degree	52

Y

烟	煙	N	yān	smoke	52
严重	嚴重	A	yánzhòng	serious; critical	55
盐	鹽	N	yán	salt	54
眼红	眼紅	V	yǎnhóng	be envious; be jealous	54
眼睑	眼瞼	N	yǎnjiǎn	eyelid; lid	60
眼泪	眼淚	N	yǎnlèi	tear	51
秧苗	秧苗	N	yāngmiáo	seedling; rice shoot	56
阳光	陽光	N	yángguāng	sunshine; sunlight	60
*杨树	*楊樹	N	yángshù	poplar	53
仰	仰	V	yǎng	face upward	51
养活	養活	V	yǎnghuó	to support; to feed; to raise	56
摇动	搖動	V	yáodòng	to sway; to rock; to wave	60
要不然	要不然	Conj	yàoburán	otherwise	57
要紧	要緊	A	yàojǐn	important; be serious	53
野生	野生	A	yěshēng	wild; undomesticated	56
野	野	A	yě	wild; uncultivated; rude	56

业余	業餘	N	yèyú	sparetime; after-work	56
夜空	夜空	N	yèkōng	night sky	57
衣架	衣架	N	yījià	clothes rack	51
依旧	依舊	Adv	yījiù	as before; as usual; still	59
遗物	遺物	N	yíwù	things left behind by the deceased; relic	59
遗	遺	V	yí	to leave behind; to lose	59
一病不起	一病不起		yí bìng bù qǐ	to fall ill and never recover	52
一晃	一晃	Adv	yíhuàng	(of time) pass in a flash	59
以	以	Conj	yǐ	in order to; so as to	55
*矣	*矣	MdPt	yǐ	*used at the end of a sentence like* 了	58
以及	以及	Conj	yǐjí	along with; as well as	55
以上	以上	N	yǐshàng	above; more than; over	56
一股脑儿	一股腦兒		yìgǔnǎor	completely	58
议论	議論	V/N	yìlùn	to comment; to talk; to discuss; comment; remark	57
一生	一生	N	yìshēng	lifetime; all one's life	56
一时	一時	N	yìshí	temporarily; for a short time	60
意识	意識	N	yìshí	consciousness	56
因此	因此	Conj	yīncǐ	thereby; therefore; thus; hence	52
因而	因而	Conj	yīn'ér	as a result; thus	52
银灰	銀灰	A	yínhuī	silver grey	60
隐藏	隱藏	V	yǐncáng	to conceal, to hide	59
引起	引起	V	yǐnqǐ	to give rise to; to lead to	53
饮食	飲食	N	yǐnshí	food and drink; diet	55
印象	印象	N	yìnxiàng	impression	56
应有尽有	應有盡有		yīng yǒu jìn yǒu	to have everything that one expects to find	54
影（子）	影（子）	N	yǐng(zi)	shadow; reflection	60
拥抱	擁抱	N/V	yōngbào	embrace; to hug	52
永远	永遠	Adv	yǒngyuǎn	always; forever	59
勇气	勇氣	N	yǒngqì	courage	52
涌	湧	V	yǒng	to gush; to well; to pour	51
用力	用力	V	yònglì	exert oneself; use one's strength	54
优势	優勢	N	yōushì	predominance; superiority	56
幽默	幽默	N/A	yōumò	humor; humorous	54
由此可见	由此可見		yóucǐ kějiàn	this shows; can thus see	53
由此	由此	Conj	yóucǐ	from this; herefrom	53
由于	由於	Conj/Prep	yóuyú	because; for; due to; owing to; as a result of	52
油	油	A	yóu	oil	53
游逛	遊逛	V	yóuguàng	to stroll about	58
有关	有關	V	yǒuguān	to relate to; to have sth. to do with	53

幼稚	幼稚	A	yòuzhì	childish; puerile; naive	57
迂	迂	A	yū	pedantic	58
*鱼腥草	*魚腥草	N	yúxīngcǎo	cordate houttuynia	53
玉	玉	N	yù	jade	60
*芋头扣肉	*芋頭扣肉		yùtou kòu ròu	taro cooked with pork	54
芋头	芋頭	N	yùtou	taro	53
育种	育種	V	yùzhǒng	to breed	56
*郁	*鬱	A	yù	gloomy; depressed	58
预	預	Adv	yù	beforehand; in advance	52
遇	遇	V	yù	to encounter; to meet	51
原来	原來	A/Adv	yuánlái	former; formerly; originally	52
原则	原則	N	yuánzé	fundamental; principle	59
袁隆平	袁隆平	PN	Yuán Lóngpíng	Yuan Longping (name of a Chinese scientist)	56
院士	院士	N	yuànshì	academician	56
约稿	約稿		yuē gǎo	ask for contribution (to a magazine, etc.)	57
月光	月光	N	yuèguāng	moonlight	57
月台	月臺	N	yuètái	platform	58
运输	運輸	V	yùnshū	to transport	55

Z

杂	雜	A	zá	miscellaneous; mixed; sundry	53
杂交	雜交	V	zájiāo	to hybridize; to cross	56
砸	砸	V	zá	to pound; to smash; to tamp	51
再三	再三	Adv	zàisān	over and over again	58
攒	攢	V	zǎn	to accumulate; to save money	52
燥	燥	A	zào	dry	51
灶	竈	N	zào	kitchen range; cooking stove	53
造成	造成	V	zàochéng	to create; to cause	55
增产	增產	V	zēngchǎn	to increase production	56
栅栏	栅欄	N	zhàlan	railings; paling; bars	58
炸	炸	V	zhá	to fry	53
展现	展現	V	zhǎnxiàn	to display; to reveal; to present	54
张望	張望	V	zhāngwàng	to look around; to peep	51
照	照	V	zhào	to shine; to light up	57
照看	照看	V	zhàokàn	to keep an eye on; to look after	58
照应	照應	V	zhàoying	to look after; to take care of	58
罩	罩	V/N	zhào	to cover; cover	52
折	折	V	zhé	to fold; to break	59
*浙江	*浙江	PN	Zhèjiāng	Zhejiang (Province)	53
珍珠鸟	珍珠鳥	N	zhēnzhūniǎo	pearl bird	60
珍珠	珍珠	N	zhēnzhū	pearl	60

真是	真是	V	zhēnshi	really		51
真正	真正	A	zhēnzhèng	genuine; true; real		53
枕头	枕頭	N	zhěntóu	pillow; weeping willow		51
阵地	陣地	N	zhèndì	position; front		59
争	爭	V	zhēng	to contend; to vie; to strive		54
整个	整個	A	zhěnggè	whole; entire		60
知识分子	知識份子		zhīshi fènzǐ	intellectual; the intelligentsia		56
只好	只好	Adv	zhǐhǎo	have no choice but to		52
至少	至少	Adv	zhìshǎo	at least		56
*中轴路	*中軸路	N	zhōngzhóulù	axis of transportation		54
轴	軸	N	zhóu	axis		54
种子	種子	N	zhǒngzǐ	seed		56
皱眉头	皺眉頭		zhòu méitóu	to knit one's brows		57
眉头	眉頭	N	méitóu	brows		57
朱红	朱紅	A	zhūhóng	vermilion; bright red		58
*诸多	*諸多	A	zhūduō	a good deal		58
竹笼子	竹籠子	N	zhúlóngzi	bamboo cage		60
主动	主動	A	zhǔdòng	initiative		54
壮	壯	A	zhuàng	strong; able-bodied		56
震	震	V	zhèn	to shake; to skock; to vibrate		51
嘱咐	囑咐	V	zhǔfù	to enjoin; to exhort		58
嘱托	囑託	V	zhǔtuō	to entrust		58
*箸	*箸	N	zhù	chopsticks		58
专卖店	專賣店	N	zhuānmàidiàn	exclusive agency		54
幢	幢	M	zhuàng	*measure word for buildings*		51
追求	追求	V	zhuīqiú	to pursue; to seek		57
啄	啄	V	zhuó	to peck		60
仔细	仔細	A	zǐxì	careful		58
资源	資源	N	zīyuán	resource; wealth		55
紫毛大衣	紫毛大衣		zǐ máo dàyī	purple wollen overcoat		58
自费	自費	A	zìfèi	at one's own expense		52
自杀	自殺	V	zìshā	to commit suicide		52
滋味	滋味	N	zīwèi	taste; flavor		57
自在	自在	A	zìzài	at ease; comfortable		60
宗教	宗教	N	zōngjiào	religion		55
总编辑	總編輯	N	zǒngbiānjí	editor-in-chief		59
总而言之	總而言之		zǒng ér yán zhī	in brief; altogether; to sum up		52
走动	走動	V	zǒudòng	to walk about		58
祖母	祖母	N	zǔmǔ	grandma; grannie		58
钻	鑽	V	zuān	to go through; to get into		60
作为	作爲	V/Prep	zuòwéi	to regard as; to take for; as		55
(农)作物	(農)作物	N	(nóng)zuòwù	crop		56

补充生词索引
Supplementary Words Index

词条	繁体	词性	拼音	英译	课号
				A	
爱护	愛護	V	àihù	cherish; to take good care of	51
岸	岸	N	àn	bank; shore	52
暗暗	暗暗	Adv	àn'àn	secretly	57
				B	
白族	白族	PN	Báizú	Bai ethnic group, mainly inhibitating Yunnan Province	53
拜访	拜訪	V	bàifǎng	to pay a visit	54
保养	保養	V	bǎoyǎng	to take good care of one's health; to maintain	56
抱不平	抱不平	V	bàobupíng	be ready to intervene on behalf of an injured party	59
悲哀	悲哀	A	bēi'āi	grieved; sorrowful	52
背	背	V	bēi	to carry on one's back	51
迸裂	迸裂	V	bèngliè	to burst open; to split	60
逼	逼	V	bī	to force; to compel	57
闭	閉	V	bì	to close; to shut	60
别墅	別墅	N	biéshù	villa	58
冰	冰	N	bīng	ice	55
捕鱼	捕魚		bǔ yú	to catch fish; to fish	55
捕捉	捕捉	V	bǔzhuō	to hunt; to catch; to seize	56
不是滋味	不是滋味		bú shì zīwèi	to feel bad; to be upset	58
不懈	不懈	Adv	búxiè	untiring; unremitting	56
不锈钢	不鏽鋼	N	búxiùgāng	stainless steel	54
				C	
采购	採購	V	cǎigòu	to purchase	57
残酷	殘酷	A	cánkù	cruel	59
操持	操持	V	cāochí	to handle; to manage	58
测试	測試	N	cèshì	test	60
长寿	長壽	A	chángshòu	long life; longevity	55
炒(作)	炒(作)	V	chǎo(zuò)	to speculate; to promote	58
沉	沈	V	chén	to sink	52
诚恳	誠懇	A	chéngkěn	sincere; honest	58

初五	初五	N	chūwǔ	the fifth day of a lunar month	57
处理	處理	V	chǔlǐ	to deal with; to handle	51
传	傳	V	chuán	to pass; to send	57
催	催	V	cuī	to urge; to hasten	51
吋	吋	M	cùn	inch	51

D

答案	答案	N	dá'àn	answer; key	60
打交道	打交道		dǎ jiāodào	to contact with; to have dealings with	52
打扰	打擾	V	dǎrǎo	to disturb; to trouble	51
打招呼	打招呼		dǎ zhāohu	to greet sb.; to say hello	54
大理	大理	PN	Dàlǐ	Dali (city in Yunnan Province)	53
大蒜末	大蒜末	N	dàsuànmò	garlic powder	57
大蒜	大蒜	N	dàsuàn	garlic	57
大爷	大爺	N	dàye	uncle (a respectful form of address for an elderly man)	55
呆	呆	V	dāi	to stay	52
单产	單產	N	dānchǎn	per unit area yield	56
堤	堤	N	dī	dyke	54
电冰箱	電冰箱	N	diànbīngxiāng	refrigerator	52
电饭锅	電飯鍋	N	diànfànguō	electric cooker	52
电熨斗	電熨斗	N	diànyùndǒu	electric iron	52
雕塑	雕塑	N	diāosù	sculpture	54
掉	掉	V	diào	*used after cartain verbs to indicate the consequence of an act*	55
毒药	毒藥	N	dúyào	poison	54
赌气	賭氣		dǔ qì	to feel wronged and act rashly	57
断裂	斷裂	V	duànliè	to break; to crack	55
多余	多餘	A	duōyú	unnecessary; superfluous; surplus	55

E

恶心	噁心	A	ěxin	to feel nauseated; to be nauseating; disgusting	53

F

发愁	發愁	V	fāchóu	to worry; to be anxious	55
法庭	法庭	N	fǎtíng	court; courtroom	58
帆	帆	N	fān	sail	54
翻山越岭	翻山越嶺		fān shān yuè lǐng	to tramp over hill and dale	60
烦	煩	A	fán	to be annoyed; to be irritated	51
绯闻	緋聞	N	fēiwén	sex scandal; amorous affair	59
分手	分手		fēn shǒu	to part	59

坟墓	墳墓	N	fénmù	tomb; grave	60
粉丝	粉絲	N	fěnsī	vermicelli made from bean starch, etc.	57
丰富	豐富	A	fēngfù	rich; abundant	53
封	封	V	fēng	to seal; to freeze	55
蜂蜜	蜂蜜	N	fēngmì	honey	53
缝	縫	N	fèng	crack; chink	55
福气	福氣	N	fúqì	good fortune; happy lot	60
斧子	斧子	N	fǔzi	axe	55
负负得正	負負得正		fù fù dé zhèng	a negative number multiplied by another negative number makes the product positive	56
负	負	N	fù	negative number	56

G

感想	感想	N	gǎnxiǎng	impressions; reflections; thoughts	54
告	告	V	gào	to accuse; to sue	58
隔	隔	V	gé	to seperate	52
公公	公公	N	gōnggong	father-in-law	57
贡献	貢獻	V/N	gòngxiàn	to contribute; to dedicate; contribution	56
购物	購物		gòu wù	to go shopping	57
孤独	孤獨	A/N	gūdú	lonely; loneliness	58
股	股	M	gǔ	measure word for gas, smell, strength, etc.	53
顾客	顧客	N	gùkè	customer; shopper; client	53
观光	觀光	V	guānguāng	to go sightseeing; to tour	54
鬼迷心窍	鬼迷心竅		guǐ mí xīn qiào	to be obsessed; to be possessed	57
桂皮	桂皮	N	guìpí	Chinese cinnamon; cassia bark	53
过度	過度	A	guòdù	excessive; over-	55
过分	過分	A	guòfèn	excessive; undue; over	51

H

海峡	海峽	N	hǎixiá	channel; strait	60
和睦	和睦	A	hémù	concord; harmony	55
和尚	和尚	N	héshang	Buddhist monk	54
核桃仁	核桃仁	N	hétáorén	walnut meat	53
核心	核心	N	héxīn	core; nucleus	58
黑熊	黑熊	N	hēixióng	black bear	55
轰	轟	Ono	hōng	boom	53
猴	猴	N	hóu	monkey	60
呼唤	呼喚	V	hūhuàn	to call	52

忽略	忽略	V	hūlüè	to ignore; to neglect	58
湖北省	湖北省	PN	Húběi Shěng	Hubei Province	55
花果山	花果山	PN	Huāguǒ Shān	Flower and Fruit Mountain (name of a place)	60
化肥	化肥	N	huàféi	chemical fertilizer	56
黄浦江	黄浦江	PN	Huángpǔ Jiāng	the Huangpu River	54
怀疑	懷疑	V/N	huáiyí	to doubt; suspicion	56
诙谐	詼諧	A	huīxié	humourous; jocular	56
挥手	揮手		huī shǒu	to wave (one's hand)	58
回顾	回顧	V	huígù	to look back; to review	56

J

季度	季度	N	jìdù	quarter	60
家英	家英	PN	Jiāyīng	Jiaying (name of a person)	59
驾驶	駕駛	V	jiàshǐ	to drive; to pilot	52
驾	駕	V	jià	to drive; to harness	52
减肥	減肥		jiǎn féi	to lose weight	55
姜	薑	N	jiāng	ginger	53
讲座	講座	N	jiǎngzuò	lecture; course of lectures	56
酱油	醬油	N	jiàngyóu	soy sauce; soy	57
骄傲	驕傲	A	jiāo'ào	be pround; to take pride in	54
角度	角度	N	jiǎodù	angle; point of view	60
接待	接待	V	jiēdài	to receive; to admit	56
*结拜	*結拜	V	jiébài	become sworn brothers or sisters	59
进入	進入	V	jìnrù	to enter; to come into	53
井	井	N	jǐng	well	54
酒吧	酒吧	N	jiǔbā	bar (room)	53
救命	救命		jiù mìng	to save sb.'s life; Help!	55
就算	就算	Conj	jiùsuàn	even if	53
俱	俱	Adv	jù	all; completely	57
拒绝	拒絕	V	jùjué	to refuse; to reject	52

K

炕	炕	N	kàng	*kang* (a heatable brick bed)	55
空间	空間	N	kōngjiān	space	51
空巢家庭	空巢家庭		kōngcháo jiātíng	family of aged parents living by themselves	58
孔雀	孔雀	N	kǒngquè	peacock	53

L

喇叭	喇叭	N	lǎba	horn; loudspeaker	51
老实	老實	A	lǎoshi	honest; frank	59
乐观	樂觀	A	lèguān	optimistic	51

离婚	離婚		lí hūn	to divorce	59
礼节	禮節	N	lǐjié	courtesy; etiquette	53
礼貌	禮貌	N	lǐmào	courtesy; politeness	53
理智	理智	N	lǐzhì	intellect; reason	59
恋恋不舍	戀戀不捨		liànliàn bù shě	to be reluctant to part with	55
临	臨	Adv	lín	on the point of; be about to	57
灵感	靈感	N	línggǎn	inspiration	56
榴莲	榴蓮	N	liúlián	durian	53
履行	履行	V	lǚxíng	to carry out; to fulfil	58
轮椅	輪椅	N	lúnyǐ	wheelchair	51
落	落	V	luò	to drop; to fall	51

M

骂	罵	V	mà	to abuse; to curse	57
枚	枚	M	méi	*measure word for small objects*	60
玫瑰	玫瑰	N	méiguī	rose	59
煤气	煤氣	N	méiqì	coal gas	52
美猴王	美猴王	PN	Měihóuwáng	Monkey King (name of the hero in *Pilgrimage to the West*)	60
蜜	蜜	N	mì	honey; sweet	59
名称	名稱	N	míngchēng	name; title	60
明星	明星	N	míngxīng	star	51
明珠	明珠	N	míngzhū	bright pearl; jewel	54
模式	模式	N	móshì	mode; pattern	60
默默	默默	Adv	mòmò	silently	59
末	末	N	mò	powder	57
目的	目的	N	mùdì	purpose; aim; objective; end	53

N

男主外，女主内	男主外，女主内		nán zhǔ wài, nǚ zhǔ nèi	men go out to work while women stay at home to do housework	52
难关	難關	N	nánguān	difficulty	51
难说	難說	V	nánshuō	hard to say	58
嗯	嗯	Int	ǹg	hum (to show consent)	53
牛郎	牛郎	PN	Niúláng	Cowherd in the legend"the Cowherd and the Weaving girl"	52
女仆	女僕	N	nǚpú	female servant	59
弄	弄	V	nòng	to do; to deal with; to handle	52

P

拍卖	拍賣	V	pāimài	to auction	58
抛	抛	V	pāo	to throw; to toss	51

泡	泡	V	pào	to hang about; to dally	53
皮肤	皮膚	N	pífū	skin	52,56
飘	飄	V	piāo	to flutter; float (in the air)	51
品格	品格	N	pǐngé	moral character	59
浦东	浦東	PN	Pǔdōng	Pudong (name of a place in Shanghai)	54
瀑布	瀑布	N	pùbù	waterfall	60

Q

其次	其次	A/Conj	qícì	next; secondly; then	53
奇迹	奇跡	N	qíjì	miracle; marvel	58
起价	起價	N	qǐjià	first call (in an auction)	58
恰巧	恰巧	Adv	qiàqiǎo	by chance	58
千岁	千歲	N	qiānsuì	a thousand years a deferential allusion to a prince, used especially in traditional operas	60
前奏	前奏	N	qiánzòu	prelude	56
潜力	潛力	N	qiánlì	potential; potentialities	56
浅	淺	A	qiǎn	shallow	60
歉意	歉意	N	qiànyì	apology; regret	59
强项	強項	N	qiángxiàng	advantage; strong point	51
悄悄	悄悄	Adv	qiāoqiāo	quietly; silently	52
亲切	親切	A	qīnqiè	cordial; kind	52
亲身	親身	Adv	qīnshēn	personal; firsthand	54
清洁剂	清潔劑	N	qīngjiéjì	cleanser	52
情感	情感	N	qínggǎn	emotion; feeling	52
秋月	秋月	PN	Qiūyuè	Qiuyue (name of a person)	59
求教	求教		qiú jiào	to ask for advice; to consult	57
求情	求情		qiú qíng	to plead; to beg for mercy	52
权	權	N	quán	authority; power	59
权威	權威	N	quánwēi	authority	56
劝酒	勸酒		quàn jiǔ	to urge sb. to drink (at a banquet)	54
缺	缺	V	quē	to be short of; to lack	58

R

热量	熱量	N	rèliàng	quantity of heat	55
人均	人均	A	rénjūn	per capita	56
人情	人情	N	rénqíng	human feelings; personal relations	59
人生	人生	N	rénshēng	life	53
*仁兄	*仁兄	N	rénxiōng	(used to address one's senior friends) elder brother; my dear friend	59

任何	任何	Pr	rènhé	any	56

S

嫂子	嫂子	N	sǎozi	elder brother's wife	57
沙罐	沙罐	N	shāguàn	earthen pot	53
赡养	贍養	V	shànyǎng	to support; to provide for	58
伤害	傷害	V	shānghài	to damage; to hurt	51
伤心	傷心	A	shāngxīn	sad; broken-hearted	52
伸	伸	V	shēn	to stretch; to extend	57
施	施	V	shī	to use; to apply; to bestow	56
湿	濕	A	shī	damp; wet	52
石碑	石碑	N	shíbēi	stone tablet; stele	60
实话	實話	N	shíhuà	truth	59
驶	駛	V	shǐ	to drive; to sail	52
示范	示範	V	shìfàn	to set an example; to demonstrate	56
适当	適當	A	shìdàng	proper; suitable	60
收拾	收拾	V	shōushi	tidy up	52
受气	受氣		shòu qì	to be bullied; to suffer wrong	60
书童	書僮	N	shūtóng	page-boy	59
熟	熟	A	shú	ripe; cooked; familiar	56
数字	數字	N	shùzì	figure; number	60
刷	刷	V	shuā	to brush	52
水帘洞	水簾洞	PN	Shuǐlián Dòng	Water screen Cave (name of a place)	60
思索	思索	V	sīsuǒ	to ponder; to think deeply	56
四周	四周	N	sìzhōu	all around	57
四世同堂	四世同堂		sìshì tóng táng	four generations under one roof	58
隧道	隧道	N	suìdào	tunnel	54

T

胎	胎	N	tāi	embryo; foetus	60
瘫痪	癱瘓	V	tānhuàn	to be paralyzed	51
汤料	湯料	N	tāngliào	soup stock	57
提醒	提醒	V	tíxǐng	to remind; to call attention to	58
体验	體驗	V	tǐyàn	to experience	54
天帝	天帝	N	tiāndì	God of Heaven	52
天宫	天宫	N	tiāngōng	heavenly palace	52
天将	天將	N	tiānjiàng	general in Heaven	52
挑	挑	V	tiāo	to carry on the shoulder with a pole	54
痛快	痛快	A	tòngkuài	direct; straightforward; happy	59
透	透	A	tòu	fully	52
腿脚	腿腳	N	tuǐjiǎo	ability to walk; legs and feet	57
拖累	拖累	V	tuōlèi	to encumber; to be a burden on	51

沱茶	沱茶	N	tuóchá	a bowl-shaped compressed mass of tea leaves	53

W

外孙女	外孫女	N	wàisūnnǚ	daughter's daughter	52
外滩	外灘	PN	wàitān	The Bund (name of a place in Shanghai)	54
湾	灣	M	wān	*measure word for bays or rivers*	60
玩命	玩命		wán mìng	to risk one's life needlessly	54
玩艺	玩藝	N	wányì	thing	53
危险	危險	A/N	wēixiǎn	dangerous; danger	55
卫生	衛生	N	wèishēng	sanitation	52
位置	位置	N	wèizhì	place; position	52
我的妈呀	我的媽呀		wǒde mā ya	Oh,my god!	53
呜呜	嗚嗚	Ono	wūwū	*cry of animals*	55
无聊	無聊	A	wúliáo	bored; senseless; silly	59
无穷	無窮	A	wúqióng	infinite; endless; boundless	57
误	誤	N	wù	mistake	57

X

喜鹊	喜鵲	N	xǐquè	magpie	52
下降	下降	V	xiàjiàng	to descend; to drop	56
鲜	鮮	A	xiān	delicious; tasty	57
嫌弃	嫌棄	V	xiánqì	to dislike and avoid	51
羡慕	羨慕	V	xiànmù	to admire; to be envious of	51
献	獻	V	xiàn	to offer; to dedicate	53
*乡愁	*鄉愁	N	xiāngchóu	nostalgia	60
相逢	相逢	V	xiāngféng	to come across; to meet	59
*香烛	*香燭	N	xiāngzhú	joss sticks and candles	59
*相公	*相公	N	xiànggong	*a term of address for young men of rich or cultured families in feudal China*	59
象征	象徵	V/N	xiàngzhēng	to symbolize; symbol	54
销售	銷售	V	xiāoshòu	to sell	53
孝顺	孝順	A	xiàoshùn	fealty; filial piety	51
心情	心情	N	xīnqíng	frame of mind; mood	55
新鲜	新鮮	A	xīnxiān	fresh	55
信赖	信賴	V	xìnlài	to trust; to have faith in	59
行动	行動	V/N	xíngdòng	to act; action; activity	57
行礼	行禮		xíng lǐ	to salute	60
虚荣	虛榮	A	xūróng	vanity; peacocky	52
雪花	雪花	N	xuěhuā	snowflake	51

Y

压力	壓力	N	yālì	pressure	51
演示	演示	V	yǎnshì	to demonstrate	54
养老院	養老院	N	yánglǎoyuàn	senior citizens' home	58
银河	銀河	N	yínhé	the Milky Way	52
营业时间	營業時間		yíngyè shíjiān	business hours	53
营业	營業	V	yíngyè	to do business	53
隐瞒	隱瞞	V	yǐnmán	to hide; to hold back	51
忧愁	憂愁	A	yōuchóu	worried; depressed; sad	58
有缘	有緣	A	yǒuyuán	have predestined relationship	59
玉米	玉米	N	yùmǐ	maize; corn	56
源流	源流	N	yuánliú	source and course (of a river, etc.)	60

Z

赞美	讚美	V	zànměi	to praise	56
早班	早班	N	zǎobān	morning shift	51
炸弹	炸彈	N	zhàdàn	bomb	53
窄	窄	A	zhǎi	narrow	60
张扬	張揚	V	zhāngyáng	to make public	59
照	照	V	zhào	to photo; to reflect; to mirror	56
照	照	Prep	zhào	according to	57
遮蔽	遮蔽	V	zhēbì	to hide from view; to cover	60
哲理	哲理	N	zhélǐ	philosophy	53
这样一来	這樣一來		zhèyàng yì lái	in this way	58
真诚	真誠	A	zhēnchéng	sincere; genuine; true	56
震撼	震撼	A	zhènhàn	shocked	51
争气	爭氣		zhēng qì	to try to make a good showing; to try to win credit for	51
挣扎	掙扎	V	zhēngzhá	to struggle	55
睁	睜	V	zhēng	to open (the eyes)	60
正月	正月	N	zhēngyuè	the first month of the lunar year	57
正	正	N	zhèng	positive number	56
知觉	知覺	N	zhījué	consciousness	55
织女	織女	PN	Zhīnǚ	Weaving Girl in the legend "the Cowherd and the Weaving Girl"	52
织	織	V	zhī	to weave; to knit	52
脂肪	脂肪	N	zhīfáng	fat	55
指教	指教	V	zhǐjiào	(polite term)to give advice or comments	59
煮	煮	V	zhǔ	to cook; to steam	53
醉	醉	V	zuì	to be drunk; to be tipsy	54